21세기 문화시민운동
가정에서부터 시작하자

문용린 외

지식산업사

21세기 문화시민운동 가정에서부터 시작하자

초 판 1쇄 인쇄 2005. 1. 20.
초 판 1쇄 발행 2005. 1. 25.

지은이   문용린 외
펴낸이   김경희
펴낸곳   (주)지식산업사
주소   서울시 종로구 통의동 35-18
전화   (02)734-1978(대)
팩스   (02)720-7900

인터넷한글문패 지식산업사
인터넷영문문패 www.jisik.co.kr
전자우편 jsp@jisik.co.kr, jisikco@chollian.net

등록번호 1-363
등록날짜 1969. 5. 8.

ISBN 89-423-6027-0 03190

책값 9,000원

발간에 즈음하여

문화시민운동중앙협의회는 2002 한·일 월드컵축구대회의 성공 개최를 위해 1997년에 비영리법인으로 설립된 후 현재에 이르기까지 '밝은 미소 캠페인', '화장실문화 가꾸기', '선진형 한 줄로 서기', '정지선 지키기', '지하철 문화시민운동' 등 친절, 질서, 청결의 문화시민 덕목이 우리 생활 속에 굳건히 뿌리 내리도록 꾸준히 노력하고 있습니다.

문화시민운동은 월드컵 4강 신화 창조에 걸맞는 한국인의 문화시민의식을 전 세계에 선양한 바 있고, 그 월드컵 문화시민 정신을 계승하여 2만 달러 시대를 넘어서는 선진 문화시민 사회 건설을 새로운 비전으로 제시한 바 있습니다.

이제 우리는 세계 속의 일류국가로 도약하기 위해 정직과 인간존중의 정신을 문화시민운동의 바탕으로 삼고 있습니다.

정직과 인간존중의 문화시민운동은 멋진 시민, 품위있는 한국인으로 거듭나 대한민국을 업그레이드할 것입니다. 따라서 선진 민주시민사회를 앞당기기 위해 정직하고 인간을 존중하는 가치관을 어려서부터 익히고 어른에 이르기까지 우리 생활 속에 정착시켜야 합니다. 그러기 위해서는 학교교육과 병행하여 평생교육 차원의 사회교육이 꾸준히 이루어져야 합니다

우리는 사회교육의 기초 단계이자 인성발달의 보금자리인 가정을 매우 중요하게 생각합니다. 가정을 바탕으로 한 문화시민교육은 민주시민을 가꾸고 우리 사회를 문화시민사회로 성숙시켜 주며, 나아가 21세기 세계 일류국가로 견인하는 원동력이 될 것입니다.

이 책은 이러한 가정중심 문화시민교육의 내용을 담고 있습니다. 이 책을 펴내신 지식산업사와 좋은 글을 써주신 집필진 한 분 한 분의 정성에 감사드리며, 독자 여러분에게는 성공하는 자녀를 길러내기 위한 훌륭한 가정교육의 지침서가 되기를 바랍니다.

이 책이 우리 사회의 당면한 문제들과 사회적 갈등을 극복하고 새로운 생활방식을 창출하여 건강한 가정을 바탕으로 우리 모두 행복한 삶을 누리는 선진 문화시민사회를 일구어내는데 이바지할 수 있기를 기대합니다.

2005. 1.

문화시민운동중앙협의회

회장 이 영 덕

차 례

가정중심 문화시민운동의 필요성과 기초덕목

문 용 린 서울대학교 교수

1. 문화시민운동의 필요성

인류의 긴 역사는 우여곡절이 있기는 하지만 어쨌든 자유, 평등, 평화 그리고 인간의 존엄성이라는 보편적 가치 쪽으로 진보를 계속해왔다. 이 가운데서도 특히 자유라는 가치는 가장 기본적인 가치로서 이 가치의 실현을 위해서 인류는 피 흘리는 전쟁과 혁명을 수도 없이 겪어왔다. 그런 결과로 오늘날 인류는 엄청난 자유를 보장받고 있다. 물론 국가에 따라 차이가 있기는 하지만, 자유의 억압은 반시대적으로 낙인찍힌 엄청난 범죄로 부류된 지 오래다.

그래서 이제 인류의 진보는 자유의 확보와 쟁취라는 단계를 넘어서서, 자유의 질(quality of freedom)을 드높이기 위한 노력에 골몰하고 있다. 물론 북한 같은 곳에서는 아직도 주민에 대한 자유의 억압이 있고, 그 주민들은 자유를 얻기 위해서 고생하고 있지만, 한국을 포함한 세계 대다수의 국가에서는 자유의 확보는 이미 보장된 상태에서 단지 그 자유가 좀더 질적으로 고양된 모습으로 활용되기를 기대하고 있는 단계에 있다고 할 수 있다.

자유의 질을 높이려는 노력이 바로 인류가 직면한 21세기 최대의 문명사적인 과제이다.

1990년대 초 소련연방의 해체로 동구권 주민에 대한 전반적인 자유의 억압은 해소되었지만, 그 자유에 대한 질 관리 능력이 부족했기에 세르비아에서와 같은 처참한 비극이 발생했다. 냉전시대의 미국과 소련의 양극체제를 벗어난 이 시점에서 전 세계 국가들은 한층 자유로워졌지만, 자유의 질 관리가 부족한 나라들 때문에 세계는 더 복잡하고 위험해졌다.

후세인이 퇴출 당한 이라크에서 자유의 억압은 해소되었지만, 자유의 질 관리가 안 된 주민들 때문에 그곳은 여전히 혹은 더 위험한 곳이 되어 버렸다. 이 점은 북한에도 마찬가지로 적용된다. 냉전 해체로 소련과 중국의 영향력이 감소됨에 따라 북한의 자유도는 증가했지만, 자유의 질 관리가 안 된 북한은 위험한 놀이를 위험한 줄 모르고 계속하고 있다.

자유에 대한 억압의 해소는 축복이지만, 자유의 질 관리 능력을 높이지 못하면, 그것은 다른 종류의 재앙을 끌어들이는 저주의 실마리이기도 하다. 자유의 질 관리는 바로 자유를 값어치 있게 누리기 위한 필요충분조건이다. 자유에 대한 질 관리의 핵심은 타인의 자유를 훼손하지 않는 범위 안에서 자신의 자유를 만끽하는 지혜를 습득하는 데 있다. 내 자유만 주장하고, 남의 자유는 안중에 없다고 하면, 그것은 양육강식의 동물 사회에 지나지 않고, 내 자유는 없고 남의 자유만 인정하면, 그것은 노예의 삶이다. 나와 남의 자유를 동시에 최대한으로 조화롭고 균형 있게 실현하는 것이 자유의 질을 가름하는 기준인 것이다.

그러면 이러한 자유의 질은 어떻게 확보되고 개선되어 갈 수 있는 것일까? 두 가지 경로가 있다. 하나는 법의 강력한 집행을 통해서 자유의 질을 관리하는 것이며, 다른 하나는 문화시민의식의 심화와 확산으로 자유의 질을 관리하는 것이다. 이 두 가지 경로의 의미를 싱가포르의 사례를 통해서 좀더 자세히 살펴보자.

1959년 싱가포르가 자치령이 되자 초대 총리에 임명된 리콴유는 새로운 싱가포르의 혁신이라는 야망에 불탔다. 그는 싱가포르를 깨끗하고 친절하며 예의 바르며 부정부패가 없는 곳으로 만들고자 했다. 그렇게 하는 것이 항상 분쟁 상태에 있었던 말레이시아와 차별성을 확보하는 것이며, 영국을 중심으로 하는 유럽경제에 의존해서 싱가포르의 경제발전을 도모하는 최선의 전략이라고 생각했기 때문이다.

그러나 오랜 식민지 생활에서 벗어난 싱가포르인들은 이른바 자유를 만끽하게 되어 자율통제가 어려웠다. 리콴유 총리의 기대처럼 주민들은 쉽사리 청결하고 친절하고 예절 바르게 행동하지는 않았다. 자유는 확보했으되, 자유의 질 관리는 자율적으로 이루어지지 않았다.

마침내 그는 그 유명한 가부장적 도덕통치, 즉 법을 통한 자유의 질 관리에 나선다. 법을 통한 도덕행동의 규제에 나선 것이다. 어느 나라에서건 예컨대 공산주의 국가에서도, 북한에서도, 껌을 씹는 것은 주민들의 자유이다. 그런데도 자유민주국가인 싱가포르에서는 주민들이 껌을 씹을 수가 없었다. 껌을 들여올 수 없도록 수입금지해버린 것이다. 씹고 버린 껌 때문에 도로가 미관상 더러워 보이기 때문이라는 이유에서였다. 싱가포르인들은 껌 씹을 자유를 억제 당하고 있고 엄청난 벌금 때문에 휴지를 마음대로 버릴 자유를 제한 당하고 있지만, 그 대신 거리는 세계에서 가장 청결하다. 이렇게 법으로 철저하게 자유의 질 관리를 한 덕분에, 싱가포르는 온 세계에서 가장 빠르게 가장 깨끗하고 친절하며 부정부패가 없는 나라가 되는 데 성공했다.

이런 싱가포르의 성공사례는 많은 나라에 귀감이 될 법하다. 그러나 싱가포르의 사례에 찬탄을 하면서도 정작 이를 그대로 본받아 벤치마킹하려는 나라는 많지 않다. 법에 의한, 법을 통한 자유의 질 관리의 부작용에 주목하기 때문이다. 씹고 버린 껌이 도로를 더럽힌 것은 결코 바람직하지 않지만, 그것을 방지하기 위해서 껌 씹을 자유를 원천 봉쇄하는 것 또한 지극히 부자연스럽고 바람직해 보이지 않기 때문이다.

껌은 마음대로 씹되, 길거리를 더럽히지 않게 씹은 껌을 스스로 알아서 잘 처리할 수 있는 문화의식의 계발이 이래서 중요하게 대두되는 것이다. 싱가포르와 견주게 되는 나라가 프랑스를 비롯한 서구의 선진 국가들이다. 프랑스는 길거리에서 휴지 버리는 것에 대해서는 이상하다고 느껴질 만큼 간섭을 하지 않는다. 담배꽁초 버리기에도 무척 관대하다. 그럼에도 파리 시내는 결코 더럽지 않다. 미국의 경우도 마찬가지이다. 미국은 도덕을 법으로가 아니라, 워싱턴의 예의규범(George Washington's Rules of Civility & Decent Behavior) 같은 것을 가르치고 내면화함으로써 자유에 대한 질 관리의 능력을 높이고자 애쓴다.

법에 따른, 법을 통한 자유의 규제만이 청결하고 예절바르며 친절하고 부정부패 없는 사회를 가능하게 하는 것이 아니다. 서구의 대다수 선진국을 보더라도, 싱가포르처럼 엄격하게 법의 규제를 하는 나라는 거의 없다. 시민 각자의 문화의식에 맡기고 있는 것이다. 결국 자유의 질 관리는 궁극적으로 볼 때 시민 한사람 한사람의 문화의식에 맡겨 놓는 것이 가장 바람직하다. 다만 문제는 시민들의 문화의식이 낮을 경우 도덕행위가 보장 안 되기 때문에 사회는 당분간 어지럽고 혼란스러우며 절망적으로 보일 수가 있다. 그래서 리콴유 총리처럼 법을 통한 도덕규제로써 문화의식을 높일 수 있다고 유혹 받을 수가 있다. 그러나 싱가포르 같은 도시국가가 아닌 한 그런 방책은 성공할 가능성이 낮다.

현재 한국사회는 자유가 넘치는 사회이다. 1980년대 후반 불어닥친 민주화 바람의 덕택으로 전에 보지 못했던 자유를 만끽하고 있다. 자유의 확보와 향유의 폭은 거침없이 확대되었는데, 이런 자유를 도덕적으로 수준 높게 관리할 능력은 발휘되지 않고 있다. 그 생생한 사례를 몇 가지만 살펴보자.

교통사고 발생률과 사망률이 세계에서 여전히 3~4위에 머물고 있다. 자기 동네에서 차에 치이고 안전사고를 당하며 폭력 등으로 다치고 사망하는 어린이 사고가 세계에서 언제나 1~2위를 다투고 있으며, 이혼율이 일본과 대만을 훨씬 앞지르고 있다. 노동조합의 쟁의 발생비율이 엄청나게 높으며, 무절제한 자유표현의 극치인 범죄율을 일본과 견주어 보면, 단위인구 당 살인사건 비율이 1.7배, 강도 사건이 3.5배, 폭력사건이 38배에 이른다. 특히 우리나라는 '빨리 빨리' 하는 성격에 냄비처럼 금방 달아오르는 성미 때문에 외국인이 보기에 무례하고 거칠어 보이는 면이 많다.

1650년대 한국에 표류한 네덜란드 사람 하멜의 눈에 비친 한국인은 거칠고 거짓말을 일삼는 것처럼 보였으며, 안창호·이광수·최남선·최현배 등이 지적하는 한국인의 모습도 부정직하고 부정부패한 모습이었다. 오늘날에도 사회 지도층 인사들이 거짓말을 버릇처럼 되뇌어 국민들의 비웃음을 사고 있다. 이런 모두는 자유의 질 관리 능력이 부족하기 때문이며, 이것은 법으로 규제할 문제라기보다는 문화시민의식의 개선과 드높임으로 해결할 문제이다.

그래서 우리나라에서는 의식개혁운동이 8 · 15 해방 이후부터 정부 차원은 물론 민간 차원에서 현재까지 다양하게 전개되어 왔다. 안호상의 일민주의도 그런 노력의 초창기 활동이고, 박정희 시대의 제2경제와 새마을 운동, 김대중 시대의 제2건국운동이 모두 정부 주도로 이루어진 그러한 의식개혁운동의 하나였다. 민간 차원에서는 김용기 장로의 가나안 농군학교가 돋보인 의식개혁 운동이었다.

그러나 이런 정부와 민간 주도의 의식개혁 활동은 1980대부터 벌어진 사회적 소용돌이 속에서 국민들의 주목을 받지 못하고 오히려 의구심만 높이게 된다. 민간의 순수한 의식개혁 운동조차도 정치적 동기가 있을 것으로 오해 받곤 했던 것이다. 그러다가 1988년 올림픽 대회를 치르게 되고 다시 이어서 2002년 월드컵 축구대회를 개최하게 되면서 종래의 의식개혁운동의 성격이 문화시민운동으로 전환하기에 이른다.

국제사회에 부끄럽지 않은 행위규범의 생활화와 습관화가

발등의 불로 여겨지게 되었기 때문이다. 이른바 글로벌 시티즌의 예의규범이 목전의 과제로 다가왔던 것이다. 일본과 공동개최 하기로 된 2002 월드컵 대회를 앞두고 많은 시민들의 걱정이 생겼다. 시민적 행위규범이 일본과 견주어 너무 대비되는 것은 아닐까 하는 것이었다.

이런 걱정이 바탕이 되어 반관반민의 문화시민운동 단체가 2002년 월드컵 개최 5년을 앞두고 새롭게 생겨났는데, 이것이 바로 2002 월드컵문화시민운동중앙협의회(문민협)였다. 이 문민협은 월드컵 대회를 앞두고 국민들의 자유의 질 관리 능력을 성숙시켜 부끄럽지 않은 월드컵 대회를 치르려 한 시민운동의 중앙 집적체였다. 많은 업적 가운데에서도 화장실 깨끗이 하기, 한 줄로 서기, 그리고 에스컬레이터 통행 규칙 등을 습관화한 것들은 근래에 보기드믄 시민의식 개혁 운동의 실질 성과였다. 그 밖에도 문민협은 친절, 청결, 질서와 관련된 자세한 행위규칙과 예의범절을 확산시키는 계기를 만들었다.

월드컵으로 한국 축구의 위상이 한껏 높아졌다고 하면, 월드컵 대회를 계기로 전개된 문화시민운동중앙협의회의 활동으로 대한민국 문화시민의 위상이 세계가 놀랄 만한 모습으로 높아졌다고 말할 수 있다. 월드컵 기간의 국내외 매스컴이 경탄한 한국인들의 관람과 응원질서 그리고 거리의 행진질서에 우리들 자신들도 놀라지 않았는가?

　이렇게 한껏 드높아진 문화시민의식은 계속적으로 보살펴져야 한다. 월드컵을 계기로 문화시민운동의 불이 지펴졌다. 이 불을 더 키워서 활활 타오르는 횃불이 되게 하여야 한다. 월드컵은 문화시민운동 시작의 한 계기였을 뿐이다. 문화시민운동은 대한민국이 당면한 21세기 최대의 과제이다. 우리는 우리가 누리는 자유를 성숙한 방식으로 관리하지 못하면 자유 그 자체를 잃어버릴 위험에까지 직면할 수가 있다. 자유에 대한 성숙한 질 관리는 문화시민의식을 기르는 것 이외에는 다른 방책이 없다. 그래서 문화시민운동은 계속되어야 하고, 더욱 활활 타오르도록 해야 한다.

2. 왜 가정중심의 문화시민운동인가?

　2002 월드컵 대회의 성과 가운데 하나는 우리 스스로도 놀란 문화시민의식의 표출이었다. 수만 명이 모여 흥분의 절정을 이루면서도 눈살 찌푸릴 일 하나 없었던 응원태도, 지거나 이기거나 게임의 결과와 상관없이 경기 뒤의 허전함 속에서도 스탠드를 청소하고 떠나던 모습, 외국인 누구에게도 자신 있게 보여줄 수 있게 된 화장실 등등은 그 당시에는 물론 지금도 뿌

듯한 자부심으로 우리의 뇌리 속에 가득 남아있다.

이제 문제는 이러한 문화시민운동의 성과를 어떻게 계속 유지 발전시켜 나가는가이다. 우리는 기억한다. 1988년 서울 올림픽을 치룰 때에도 문화시민의식을 유감없이 발휘해서 자화자찬을 많이 했었지만, 올림픽 행사가 끝남과 동시에 흔적도 없이 그대로 사라져버린 것을 우리 모두는 크게 안타까워했다.

우리와는 다르게 일본은 1964년 도쿄 올림픽을 치루면서 한껏 고양된 시민의식과 민족적 긍지를 계속 유지, 발전, 확대시켜서 세계 최고의 경제발전의 활력으로 활용한 바 있다.

1988년 서울 올림픽으로 한껏 고조된 문화시민의식과 사기를 국가발전의 활력으로 연결시키지 못한 통탄할 실수를 이제 다시는 반복하지 않아야 한다. 2002 월드컵 대회로 한껏 부풀어 오른 문화시민의식의 모습은 1988 서울 올림픽 때와는 견줄 수 없을 만큼 넓고, 깊고, 성숙한 것이었다. 이를 지속적으로 발전시켜 나가는 것은 국가발전의 가장 핵심적인 하부구조를 튼튼히 하기 위한 시대적 과제라 아니할 수 없다.

자, 그럼 이런 중요한 과제를 우리는 어떻게 성공적으로 풀어낼 수 있을 것인가? 이 과제의 성취에는 기본적으로 몇 가지 어려움이 뒤따르고 있다. 첫째는 월드컵 대회도 벌써 끝났는데, 아직도 문화시민운동인가 하는 생각이다. 이런 시각으로 문화시민운동을 바라보는 사람이 많을수록 문화시민의식의 유지, 확대, 발전 노력은 성과를 거두기가 어렵다.

둘째는 이 과제를 속전속결로 한두 해 안에 해결하려는 조급한 태도이다. 이 과제의 성취에는 인내심이 필요하다. 문화시민의식은 심층적 심리구조 속에 자리잡으며, 쉽게 변화하지 않는다. 역사를 흔드는 특이하고 희귀한 사건(올림픽이나 월드컵 대회 또는 전쟁, 혁명 등)이 가끔 급격한 의식변화의 계기를 제공하기는 하지만, 그것은 빌미를 줄 뿐이고, 의식은 서서히 변화하는 것이다. 문화의식의 변화를 너무 조급하게 바라보면 성과에 치우쳐 금방 지치고 실망에 빠진다.

춘원 이광수도 우리 민족의 (문화)의식 개조에 어느 누구보다도 진지한 관심을 보였던 사람이었지만, 조급한 기대 때문에 크게 실망하여 비관에 빠지게 되면서, 결국 그런 관심을 차라리 안 가졌던 것만도 못한 결과에 이르렀다.

셋째는 문화시민의식의 확산과 발전이 그렇게 중요하다면, 좀더 조직적으로, 대규모로, 많은 예산을 투입해서 정부 당국이나 그에 준하는 조직체가 전국 단위로 추진하는 것이 좋지 않은가 하는 생각이다. 이런 생각은 공무원이나, 정치와 행정에서 권한을 갖고 있는 사람들의 전형적인 발상이다. 그래서 역대 정부마다 이런 취지 아래 의식개혁과 변화를 위한 조직을 만들었고, 대대적인 인적·물적 지원을 해왔다.

그러나 똑똑히 보라. 역사의 교훈은, 이러한 문화시민의식의 변화와 개조노력은 정치와 행정의 힘을 가지고 추진될 때 예상치 못한 많은 부작용을 불가피하게 내포하고 초래하게 된다는 것을 보여주고 있지 않은가?

그러면 이러한 어려움을 전제할 때, 우리의 문화시민의식을 드높이기 위한 방책은 무엇인가? 아마도 가정을 바탕으로 한 문화시민운동의 전개가 가장 적절한 대안이 아닐까 한다. 앞에서 열거한 세 가지 문제점을 무리 없이 극복하면서 최선의 교육효과를 거둘 수 있는 방법이기 때문이다.

그간 문민협이 시도해온 문화시민운동의 주된 내용은 친절, 질서, 청결의 세 기본 덕목이었다. 이 세 가지 가치 덕목은 공동생활을 위한 행위규칙으로서 누구나 무조건적으로 지켜야 할 필요가 있는 덕목들이다. 따라서 이 덕목들은 무리를 해서라도 습관화할 필요가 있는 것들이다.

도덕교육 이론에 따르면 도덕교육의 영역은 크게 습관화와 판단능력의 드높임이라는 두 가지 영역으로 나뉜다. 전통적으로 기초 덕목의 습관화는 가정교육으로, 판단능력의 제고는 학교교육과 사회교육으로 전개되어 왔다. 이러한 도덕교육의 역할 분담은 동서고금이 공통이었다. 그러나 20세기 후반에 접어들면서 전 세계적으로 가정교육이 약화되면서, 기초 덕목의 습관화를 위한 교육이 소홀하게 되어 오늘날 전 세계는 도덕적 기본이 허물어진 젊은이를 양산하고 있는 것이다.

우리나라는 특히 지난 50년 동안 경제적 성장을 위한 돌진사회(rush society)를 거치면서, 가정교육의 와해를 가장 혹독하게 겪은 나라 가운데 하나이다. 따라서 기초적인 도덕 덕목의 습관화에 실패한 나라 가운데 하나가 되었다. 도덕의 황폐화를 걱정하는 뜻있는 사람들의 통탄의 소리가 요즈음처럼 높은 때가 과연 있었을까?

이제 우리는 기초 덕목의 습관화 기능을 가정에 굳건히 자리 잡게 해야 할 시점에 이르렀다. 2002 월드컵 축구대회를 계기로 한껏 높아진 문화시민의식을 가정교육의 재건과 강화로 한국사회에 굳건히 자리 잡게 해야 한다. 가정은 이런 습관화 교육의 유일무이한 최적의 장소이기 때문이다.

왜 그런가? 도덕 덕목의 습관화를 위한 교육은 몇 가지 중요한 특징을 갖는다. 첫째로, 도덕의 습관화는 어릴 때일수록 더 쉬우며, 효과적이다. 둘째로 지속적이고 장기적인 계획 아래 삶의 일부로 가르칠 때 가장 효과가 있다. 셋째로 지극한 사랑과 관심 그리고 무조건적인 신뢰감이 가르치고 배우는 사람 사이에 형성 되어 있을 때 교육효과가 가장 크다.

이런 세 가지 조건을 가장 잘 만족시킬 수 있는 곳은 가정뿐이다. 그래서 앞으로 문화시민운동, 특히 문민협의 기초 덕목(친절, 질서, 청결) 확산 운동은 가정을 바탕으로 전개되어야 하는 것이다.

3. 나와 내 자녀부터 문화시민운동을 시작해야 하는 까닭

누구나 질서 있고 안전하고 서로를 배려하는 사회에 살고 싶어한다. 그리고 대다수의 사람들이 그런 사회를 만들기 위해서는 어떻게 해야 하는지 알고 있다. 그런데도 우리는 왜 아직도 무질서하고 불안하며 서로를 배려하지 않는 사회 속에서 살고 있는 것일까? 사회를 살기 좋은 곳으로 만드는 것은 거창한 구호나 지식이 아니라, 지극히 작은 실천이라는 것은 오히려 아이러니하다.

작은 실천의 힘이 얼마나 큰가를 뉴욕 시에서 일어난 변화를 보면 확인할 수 있다. 1980년대 뉴욕시는 최악의 범죄율로 악명을 떨쳤다. 하지만 1990년대에 들어서면서 상황은 완전히 달라졌다. 살인은 30%가 줄었고, 지하철에서 일어나는 강력범죄는 75% 이상 줄어들었다. 무엇이 이런 변화를 일으켰을까?

이러한 변화는 깨진 창문 이론으로 설명할 수 있다. 깨진 창

문 이론이란 깨진 창문 하나를 방치하면 더 많은 창문이 깨진다
는 것이다. 깨진 창문을 고치고자 지하철의 낙서와 무임승차를
철저히 막자, 이것이 강력범죄의 감소로까지 이어진 것이다.

낙서나 무임승차처럼 일상생활 속에서 자주 일어나는 작은
무질서가 강력범죄의 티핑 포인트(tipping point)였던 셈이다.
티핑 포인트란 어떤 아이디어 또는 메시지나 행동이 문자 그대
로 불타는 들[燎原]의 불길처럼 급작스럽게 사회 전체로 퍼져나
가는 순간을 말한다. 지하철의 낙서나 무임승차 같은 아주 작
은 행동이 사회 전체의 기강을 무너뜨리고 사람의 생명을 위협
하는 티핑 포인트가 될 수 있는 것처럼, 질서를 지키고 서로를
배려하는 지극히 작은 실천 하나가 사회 전체를 살맛나는 곳으
로 변화시킬 수도 있다.

우리는 지난 월드컵 때 이미 이러한 바람직한 티핑 포인트
의 생생한 사례를 체험하였다. 누가 먼저 시작했는지는 모르지
만, 우리 모두가 서로 양보하고 격려했으며, 질서와 규칙을 지
켰고, 한국인으로서 자부심을 한껏 누렸다. 이제 돌이켜 생각
해보자. 여러분과 여러분의 자녀들은 창문을 깨는 사람이었는
가? 아니면 깨진 창문을 고치고자 하는 사람이었는가?

'나 하나쯤이야'라는 생각에서 '나부터라도'라는 생각으로
변할 때, 우리 사회의 모습은 완전히 달라질 수 있다. 나부터

먼저 시작해야, 내가 좋은 티핑 포인트를 만들어야, 결국은 나와 우리 가정이 편안하고 행복하게 살아갈 수 있는 것이다.

4. 우리가 전개하는 가정중심 문화시민 운동의 구성 내용

(1) 문화시민이 꼭 지켜야할 다섯 가지 기초 덕목

문화시민운동중앙협의회는 가정중심 문화운동을 제창하고 전개하면서 문화시민의 다섯 가지 덕목을 '친절, 질서, 청결, 정직과 책임, 생명존중과 인간존중'으로 규정하고자 한다. 우리가 지켜야 할 덕목에는 다른 수많은 것들이 포함될 수도 있겠으나, 우리는 이 다섯 가지 덕목을 문화시민의 가장 기본적인 덕목으로 규정하고, 다함께 지켜나가자는 시민운동을 전개하려는 것이다.

친절은 사람 사이의 관계를 따뜻하게 만들어주고, 질서는 안전하고 편안한 사회를 만들어주며, 청결은 기분 좋고 건강하게 살 수 있게 해준다. 또 정직과 책임은 서로 믿을 수 있는 사회를 만들어주고, 생명존중과 인간존중은 모든 예절과 행동규범의 근본이 된다. 이 다섯 가지 덕목만이라도 바로 선다면, 우리 사회는 지금과는 전혀 다른 모습으로 바뀔 수 있을 것이라고 우리는 굳게 믿는다.

(2) 문화시민의 50가지 약속

우리 문민협은 친절, 질서, 청결, 정직과 책임, 생명존중과 인간존중, 이 다섯 가지 덕목별로 10개씩의 행동지침을 제시하며, 따라서 모두 50가지의 행위지침(부록 참조)을 제시하고자 한다. 이 50가지 행동지침은 문화시민이라면 반드시 지켜야 할 50가지 행동의 약속이다. 우리의 문화시민운동은 이 50여 개의 행동지침들을 잘 알고 실천의지를 다질 수 있도록 전개되어야 한다.

문민협은 가정중심 문화시민운동의 활기찬 전개를 위하여 《이것만은 꼭 지킵시다》라는 책자를 발간한 바 있다. 이 책은 가정에서 부모들이 자녀를 대상으로 다섯 가지 기초 덕목을 50가지 행동지침별로 쉽게 교육할 수 있도록 편찬된 것이다. 그 책의 내용과 교육전략을 간략히 소개하면 다음과 같다. 이 가운데 일부는 이 책의 부록에 들어있으니, 활용하면 도움이 될 것이다.

첫째, '이것만은 꼭 지킵시다'는 50개 행동지침을 실천하기 위해, 반드시 지켜야 할 세부 행동지침이다. 여기에는 생활 속에서 지킬 수 있는 구체적인 행동방식들이 들어 있다.

둘째, '읽어보기'에는 자칫 추상적으로 느껴지지 쉬운 행동지침을, 생활 속의 문제로 느끼고 여러 측면에서 생각해볼 수 있도록 도와주는 짧은 이야기가 들어 있다. 이야기를 읽고 나서 가족들이 함께 생각을 나눌 수 있는 질문도 딸려 있어서, 이야기가 주는 메시지를 되새겨볼 수도 있다.

셋째, '되돌아보기'는 그동안 자신이 어떻게 행동해 왔는가를 생각해보는 단계이다. 점수를 매기거나, 해당되는 내용을 골라보는 등 다양한 형태로 구성하여 흥미를 느낄 수 있도록 하였다.

넷째, '함께 이야기해 봅시다'는 행동지침의 실천을 가로막았던 요인들을 생각해보고, 여러 상황에서 행동지침을 어떻게 적용할 것인지를 생각해보는 단계이다. 행동지침을 적용하는 능력을 기르고, 어떤 상황에서든 행동지침을 실천할 수 있다는 자신감을 기르는 것이 이 단계의 목표이다.

다섯째, '이렇게 할래요'는 진행되어 온 이야기를 정리하면서 실천의지를 다지고 구체적인 실천계획을 세워보는 단계이다.

이 밖에도 필요한 경우에는 '찾아봅시다'를 넣어 행동지침과 관련된 추가정보를 찾아볼 수 있도록 하였다.

(3) 자녀들이 아름답고 멋진 세상에서 살아가기를 바라는
     부모님들께

우선 가정에서 부모님들이 문민협의 《이것만은 지킵시다》

라는 책을 잘 활용해서 문화시민교육을 철저히 해주시길 바란다. 그러기 위해서는 먼저 이 책의 맨 마지막에 나와 있는 점검표를 이용하여 50가지 약속을 우리 가족이 얼마나 잘 지키고 있는지 점검해 볼필요가 있다. 그리고 이 책을 일년 동안 매주 한 꼭지씩 자녀들과 함께 읽고 생각하고 실천해 보아야 한다. 이렇게 차근차근 실천해나간 뒤, 연말에 다시 온 가족이 모여 50가지 약속을 다시 한번 점검해보시기 바란다. 연초와는 아주 달라진 가족들의 모습을 발견할 수 있을 것이다.

풀 한 포기 한 포기가 모여 드넓은 초원이 되듯이, 물 한 방울 한 방울이 모여 끝없는 바다가 되듯이, 우리의 작은 실천들이 모여 아름답고 멋진 세상이 이루어질 것을 믿는다. 우리 문민협이 이 책을 중심으로 펼치고자 하는 문화시민운동이 그 한 포기의 풀, 한 방울의 물이 되기를 바란다.

문용린 _ 서울대 사범대 교육학과를 졸업하고, 그 대학원에서 석사, 미국 미네소타 대학에서 교육심리학 분야(성격 및 도덕발달 전공)로 철학박사 학위를 취득했다. 세종대 교수, 한국교육개발원 도덕연구실장을 거쳐, 지금은 서울대 교육학과 교수로 있다. 교육개혁위원회 상임위원, 수학능력시험 채점위원장, 과외사교육대책위원회 위원장의 책임을 맡은 바 있고, 제40대 교육부 장관을 지냈다. 아울러 청소년폭력예방재단 이사장, 독서새물결운동추진위원회 위원장, Safe Kids Korea 공동대표로 사회공헌 활동에도 참여하고 있다. 도덕심리, 정서지능, 다중지능에 대한 연구에 몰두하고 있으며, 주요 저서로는 《도덕교육론》, 《EQ가 높으면 성공이 보인다》, 《나는 어떤 부모인가》, 《지력혁명》, 《그러나 그의 삶은 따듯했다(정문술 연구)》 등이 있고, 역서로는 《피아제의 인지발달론》, 《콜버그의 도덕발달이론》, 《에디슨 아동》, 《비범성의 발견》, 《다중지능:인간지능의 새로운 이해》 등이 있다. (홈페이지 http://moral.snu.ac.kr)

문화시민 덕목의 학습

김 광 웅 숙명여자대학교 교수

덕목은 실천을 통해 완성된다. 실천 없는 덕목은 탁상공론卓上空論이요 미사여구美辭麗句에 불과하다. 실천만이 덕목의 가치를 실현하는 유일한 길이다. 친절, 질서, 청결, 정직과 책임, 생명존중과 인간존중 등 문화시민 5대 덕목도 바로 실천이 잇다라야만 그 아름다운 빛을 발하게 되는 것이다.

덕목의 실천은 곧 덕목을 구성하는 구체적인 사회적 행동에 따라서 이루어진다. 인간이 사회적 행동을 하게 되는 유일한 근원은 사회적 학습이다. 학습이라는 과정을 거치지 않으면 사회적 행동은 정착될 수 없다. 덕목의 실천은 인간이 수행할 수 있는 최고의 사회적 행동이다. 따라서 덕목의 실천은 철저한 학습 과정을 통해서만 이루어질 수 있는 것이다. 물론, 사회가 이러한 덕목에 대해 높은 가치를 부여하고 무엇보다 우선해서 어린이들과 젊은이들에게 이러한 교육을 중하게 보는 거시적巨視的 생태체계生態體系가 필수적 요소지만, 오늘의 말씀에서는 가정과 부모의 할일인 미시체계微視體系에 국한시켜 논의하고자 한다.

문화시민운동협의회에서 상정한 5대 덕목은 다음과 같이 10개 실천 과제로 구체화 되어 있다. 이들 덕목에서 대표적인 실천 목표를 상정한 것이다.

‖ **친절** : 예의 바른 언어생활 / 타인에 대한 배려

‖ **질서** : 줄서기 / 대중교통 질서 지키기

‖ **청결** : 몸 깨끗이 하기 / 생활 주변 청결

‖ **정직과 책임** : 정직한 언행 / 책임지는 태도

‖ **생명존중과 인간존중** : 가족사랑 이웃사랑 / 자연사랑 생명존중

이상의 10대 실천과제는 모두 생활 속에서 경험을 통해 학습해야 할 사회적 행동이다. 이들 행동은 늘 몸에 익혀 습관화하지 않으면 일관성을 유지할 수 없다는 특징을 지닌다. 따라서 어린 시절부터 자연스럽게 일상적 경험을 통해 익혀야 한다.

인간의 사회적 행동 학습에 관한 심리학 원리들을 살펴보면 부모들이 위의 5대 덕목 10대 실천 과제들을 자녀들에게 어떻게 익히게 할 수 있는가를 잘 알 수 있다.

1. 일상생활에서 보고 들어야 한다

사회적 행동 학습의 출발은 관찰이다. 예의 바른 말은 들어보지 않고 배울 수 없다. 예의 바른 행동도 우선은 보아야 해볼 수 있다. 다른 사람을 자상하게 살피고 정성스럽게 대하는 것도 그리 하는 것을 직접 보지 않고는 익힐 수 없다. 줄을 서

서 차례를 기다리고 노인이나 몸이 불편한 이들에게 자리를 양보하는 것도 말만 들어가지고는 익힐 수 없는 것이다. 남이 하는 것을 직접 보아야 어떻게 하는 것이 올바른 행동인지 알 수 있게 된다.

늘 몸을 깨끗이 씻고 주변을 청결하게 가꾸는 것도 아이들이 직접 보고 경험하지 않으면 익힐 수 없다. 정직한 행동도, 또 책임지는 행동도 직접 관찰해 보지 않으면 배울 수 없다. 가족과 이웃을 사랑하고 자연을 사랑하는 행동도 그렇게 하는 구체적인 행동을 보지 않으면 배울 수 없다는 것은 너무도 자명하다.

따라서 자녀들에게 5대 덕목과 10대 실천 행동을 익히게 하려면 먼저 부모들은 자녀가 어려서부터 그 구체적인 행동을 관찰할 수 있는 기회를 제공해야 한다. '보여주지 않으면 배울 수 없다'는 평범한 진리를 일상생활에서 실천하는 부모의 노력이 최대 관건이다.

여기에서 한두 가지 문제는 어린이들이 모범적인 사회적 행동을 관찰할 수 있는 기회가 상당히 제한될 수 있다는 점이다. 먼저 부모 스스로가 모범적인 행동을 보여주어야 하는데, 오늘날 생활방식에서 얼마나 충실하게 모범을 보일 수 있느냐 하는 것이 문제다. 이에는 부모의 아주 특별한 노력과 헌신이 필요하다. 다른 또 하나의 문제는 아이들이 조금 크면 사회에서 다른 많은 사람들의 사회적 행동을 관찰하게 되는데 과연 이 가운데서 바람직한 모범 사례가 얼마나 있느냐 하는 점이다. 이런 문제점들 때문에 다양한 보완 학습 환경이 조성되어야 하는 것이다.

2. 어린이들 스스로 몸소 경험할 수 있어야 한다

사회적 행동의 학습에서 보고 듣는 관찰 뒤에 뒤따라와야 할 요소는 경험이다. 지속적인 관찰과 반복적인 직접 경험은 사회적 행동 특히 덕행의 실천에 필수 요소다.

예의 바른 언행을 위해서는 우선 예의 바른 말을 들어보고 따라서 해보아야 한다. 예의 바른 말이라고 하더라도 어른이 쓰는 말과 아이들이 쓰는 말이 다르기 때문에, 이를 모두 듣고 본 뒤 잘 식별하여 쓰는 연습을 해보아야 한다.

이른바 경어 사용에서부터 예의 바른 언어생활은 시작된다고 하겠다. 철없는 어린 아이에게 경어를 가르치기 위해서는 어른이 우선 경어를 사용해야 한다. 그래야 듣고 배울 것이 아닌가. 이렇게 직접적 경험을 반복함으로써 차츰 경어가 입에 저절로 붙게 되면 다음에는 식별학습을 해야 한다. 즉, 어른은 아이에게 경어를 쓰지 않더라도 아이들은 경어를 사용해야 한다든지, 아이들끼리 말을 주고받을 때에는 경어를 쓰지 않고 함께 낮춤말을 사용한다는 등의 식별학습이 이루어져야 한다.

　예의 바른 언어생활에서 다음으로 중요한 것은 바른 말 고운 말을 사용하는 것이다. 아이들의 말은 일상생활에서 자연스럽게 익혀지는 것이다. 일상의 대화나 텔레비전 등에서 듣고 보는 대로 익혀지게 마련이다. 그래서 순화된 언어 환경이 마련되지 않으면 바른 말 고운 말을 배울 수 없다. 그런데 실은 오늘날 우리의 언어 환경은 최악이라 해도 지나친 말이 아니다. 텔레비전 등 매스미디어가 그렇고 길거리에서 접하는 언어가 많이 그렇다. 부모님들이 사용하는 언어는 어떤지 반성해볼 부분도 많다. 이런 언어 환경에서는 바른 말 고운 말 익히기가 참으로 어렵다. 부모들이, 어른들이 바르고 고운 언어를 사용하고 이를 아이들이 직접 보고 들으며 경험할 수 있는 생활환경을 만드는 것이 무엇보다 급한 일이라고 하겠다. 예의 바른 말은 학교에서, 교과서에서 시험 보며 배우는 것으로만 익혀질 수 없음을 다시 한번 깊이 새겨야 할 것이다.

　예절 바른 행동도 보고 들으며 직접 해보아야 익혀질 수 있다. 인사도 그렇고 공손한 태도도 그렇다. 자신을 소개하고 표현하는 방식도 그렇고 남의 이야기를 경청하는 태도도 그렇다. 이런 장면을 보고 듣고 그대로 따라서 해보는 경험이 반드시 필요한 것이다.

질서를 지켜 줄서기 하기도 아이들에게 자연스럽게 익혀 주려면 먼저 그런 장면을 반복적으로 목격하고 자신도 그렇게 해보는 직접적 경험이 있어야 한다. 이런 경험으로 말미암아 줄을 서서 질서를 지켜야 할 상황이 되면 저절로 그렇게 행동하게 되는 것이다. 줄을 서서 질서 지키는 것이 몸에 배면 오히려 무질서한 것을 보면 마음이 불편해서 견딜 수 없게 된다. 습관이란 무서운 것이다.

습관이 무섭다고 방금 말했지만, 청결 행위처럼 습관의 지배를 심하게 받는 사회적 행동도 없다. 어려서부터 깔끔하게 씻고 단정하게 해주는 어머니의 배려가 몸에 배면 그 자녀도 일생을 그렇게 해야만 마음이 놓이는 경우를 흔히 볼 수 있다. 이것이 너무 지나쳐서 강박적인 행동으로 발전될 수도 있지만, 청결 행동은 한 문화를 특징짓는 중요한 단서가 된다. 일본 사람들의 청결 행동은 널리 알려져 있다. 그래서 전 세계 사람들은 일본인의 청결에 대해 상당한 신뢰를 갖고 있고 이는 일본의 자산이기도 하다. 청결 행동은 어릴 적 경험한 양육방식과 밀접한 관련이 있으며, 반복된 직접적 경험에 따라 습관화한다. 결국 자신과 주위 환경을 깨끗하게 하는 문화는 부모의 양육방식과 훈련 경험에 따라 학습된다는 점을 알 수 있다.

  자연을 사랑하고 생명을 존중하는 것도 어려서부터 이러한 모습을 늘 주위에서 보고 느껴야 하며, 직접 그와 관련된 행동을 해보는 체험만이 이들 덕목을 심어주는 최선의 기회가 될 것이다.

3. 어린이들이 보여주는 덕목의 실천 행동에 대해서는 적절한 사회적 강화가 있어야 한다

  덕행을 효과적으로 학습하려면 보고 듣는 관찰의 기회와 직접 경험에 이어서 어린이의 바람직한 행동에 대한 충분한 보상과 강화 자극이 뒤따라야 한다.

  인간의 사회적 행동은 그 행위의 결과에 따라 지속 여부가 결정된다. 자기에게 아무런 득이 되지 않는 행동을 반복할 필요가 없기 때문이다. 어떤 행동이 일단 습관화하면 쉽게 없어지지 않는다. 그러나 그러한 습관도 결과가 부정적이거나 기대한 만큼의 급부가 없으면 점차 사라지고 만다. 이러한 현상을 사회적 행동의 소멸消滅이라고 한다. 청결 습관 같은 것은 이러한 영향을 가정 적게 받는 사회적 행동이다. 질서 지키기나 인사하는 행동 같은 것은 쉽게 소멸될 수 있다.

  어떤 사회적 행동을 쉽게 습득시키기 위해서, 그리고 이 행동이 소멸되지 않고 오래 동안 지속되기 위해서는 반드시 그러한 행동 뒤에 보상과 같은 사회적 강화 자극이 제공되어야 한다.

보상에는 물질적인 것과 사회적인 것 그리고 상표와 같은 대용경제 체제가 있다. 물질적 보상보다는 사회적 보상을 사용하는 것이 일반적으로 바람직하다. 그러나 나이 어린 아동들에게는 물질적 보상을 사용해서 더 좋을 경우도 있다. 상표를 사용하는 것도 좋은 방법이지만 준비하고 관리하는 절차가 까다로워서 장기간 적용하는 데는 한계가 있다.

또한 특정 자녀에게 효과가 좋은 방법을 가려서 사용하는 것이 좋을 것이다.

보상 즉 강화 자극을 주어서 덕행을 키워주는 데는 몇 가지 주의가 필요하다.

첫째, 강화 자극은 행동 뒤 즉시 제공되어야 한다.

둘째, 강화 자극은 구체적인 실천 행동에 대해 일관성 있게 주어야 한다. 그냥 막연한 칭찬을 아무 때나 기분 나는 대로 하는 것은 하지 않느니만 못할 수 있다.

셋째, 초기 행동 습득 단계에서는 매번 충분히 강화 자극이 주어져야 한다.

넷째, 일단 잘 습득된 덕행을 강화시킬 때에는 간헐적 강화 자극이 더 좋다.

다섯째, 강화 자극 즉 보상은 해당 아이에게 효과가 있는 것을 잘 선택해서 주어야 한다.

이상의 강화 원리를 잘 적용하여 덕목 실천 목표에 부합되는 행동들을 학습시키면 특히 나이 어린 어린이들에게는 아주 효과적이다.

4. 덕행의 학습을 위해서는 엄격한 훈육도 필요하다

앞에서 말한 것처럼 인간의 사회적 행동은 자연스럽게 타인의 행동을 관찰하고 직접 체험하면서 적절한 강화 자극을 받으면 학습될 수 있다. 그러나 이러한 절차만으로는 확고하게 정착되기 어려운 행동이나 경우도 있다. 어떤 어린이는 특별히 가르치지 않은 것 같은데도 인사 잘하고 고운 말 쓰고, 질서도 잘 지키는데, 어떤 어린이는 전혀 그렇지 않은 경우를 우리는 주위에서 흔히 볼 수 있다. 또 어떤 상황에서는 곧잘 하는데, 다른 상황에서는 전혀 그렇지 못한 경우도 있다. 이와 같이 인간의 사회적 행동은 불안정하고 변덕스러운 면이 있는 것이다.

특히 우리가 문화적으로 높이 평가하는 덕목에 해당하는 사회적 행동들은 상당한 노력 투자와 인내, 그리고 자기 양보와 희생을 요구하는 것들이다. 아주 어릴 적에는 칭찬 바람에 쉽게 하다가 차츰 나이가 들면서 칭찬도 시들해지고 귀찮은 생각, 그리고 더 편하고 당장 이득이 되는 길을 쫓아가다 보면 덕행을 하기가 쉽지 않다. 엄격한 훈육의 필요성은 바로 여기에서 생긴다.

좀 커지면서부터는 덕목 행동 실천에서 흐트러짐이 생기기 때문에 부모님의 엄격한 개입과 통제가 요구된다. 우리 옛 가르침에도 '엄한 아버지 자애로운 어머니'[嚴父慈母]라 하였다. 올바른 자녀교육을 위해서는 자애로운 어머니의 사랑과 함께 아버지의 엄격한 가르침이 있어야 한다는 우리의 전통 가정교육 원리다. 오늘날 시대가 많이 변하여 반드시 아버지는 엄격하고, 어머니는 자애로운 구실만을 담당해야 한다는 논리는 설득력이 약하다. 부모 구실을 꼭 그렇게 규정지을 필요는 없지만, 다만 분명한 것은 올바른 가정교육을 위해서는 사랑과 엄격함이 반드시 필요하다는 점이다. 이는 예나 지금이나 다름이 없다. 그리고 동서양을 막론하고 같다.

우리 전통 가정교육은 많은 부분에서 사람됨을 가르치는 덕육德育이 중심이었다. 그래서 엄격함이 더 강조되었는지 모른다. 철들기 전부터 예의범절禮儀凡節과 경노효친敬老孝親, 형제사이 우애友愛를 가르치는 데 엄격한 훈육이 있었다. 물론, 몸을 청결히 잘 간수하고 마을 안의 규범과 질서를 지키는 일에도 마찬가지였다. 부모가 모범을 보이고, 자녀의 발달 수준에 맞게 실천을 요구하고 이를 제대로 수행하지 않으면 아주 따끔한 처벌이 내려 왔다. 필자의 어린 시절을 돌이켜 보아도 생생하게 기억이 날 정도이니 그 전의 조상들의 가르침은 어떠했는지 짐작하고도 남음이 있다. 이러한 도덕적 규제력을 기르는 엄격한 가르침은 오늘날에도 반드시 필요하다고 하겠다.

정신분석학적 관점에 따르면, 도덕성(문화시민운동에서 강조하는 실천 덕목은 모두 도덕성 범주에 속함)은 양심良心이라는 정신 속의 구조에 따라 통제를 받는다고 한다. 양심은, 주로 무의식적 작용에 의존하지만, 철저한 죄책감의 덩어리다. 사회문화적 규범에서 해서는 안 될 일, 가져서는 안 될 생각이나 감정을 갖게 되면 심한 죄책감과 불안을 경험하게 되기 때문에 도덕성을 어기는 행위를 하지 않게 된다는 이론이다. 왜 불안하고 죄책감을 느끼게 되는가 하면, 어릴 적 이를 어겼을 때 엄격한 처벌을 받았기 때문이다. 이런 경험이 무의식 속에 깊이 자리 잡고 있는 것이 바로 양심이다.

이 관점은 상당한 설득력이 있다. 문화시민으로서 지켜야 할 덕행은 사회적으로는 아름답고 고상하지만, 개인적으로는 이득을 포기하는 손해와 희생 그리고 자기 통제와 인내가 필요한 일이기 때문에 합리적이고 이성적인 판단만으로 완수하기에는 늘 한계가 있다. 정직한 행동, 책임지는 행동, 준법과 질서 행동 등은 더욱 이기적 유혹에 약하다. 그래서 어릴 적부터 정신 내부에 깊이 자리 잡은 양심의 통제가 필요하다고 본다.

이와 같이 덕목의 실천에서 양심의 작용을 강화시켜 주려면 어린 시절부터 부모님들의 엄격한 훈육과 통제가 필수적으로 요구된다. 이렇게 엄격한 훈육은 부모가 아니면 감당할 수 없는 일이다. 특히 우리 문화에서는, 부모 이외의 사람이 (아무리 전문가라고 하더라도) 나이 어린 아이들에게 엄격한 훈육을 하는 데는 상당한 한계가 있음을 이해해야 할 것이다.

갓난아이나 젖먹이부터 해서는 안 될 일은 엄하게 다스리고 문화적으로 바람직한 행동은 충분히 격려하는 것이 바로 올바른 자식 사랑이라는 점을 잊지 말아야 할 것이다.

5. 부모에게 리더십(Leadership)이 있어야 한다

되풀이하는 말이지만, 사람은 모두 세상에 태어난 뒤 보고 듣고 가르침을 받는 과정을 통해 사회화社會化가 이루어진다. 사회화 과정에서 습득하는 가장 고급의 메뉴는 바로 우리가 중요하게 거론하는 덕목들이다. 자녀의 사회화 과정에서 일차적으로 가장 중요한 사회화 담당자(socialization agent)는 말할 나위 없이 부모다. 부모는 아이들에게 모든 행위 모델의 주인공일 뿐 아니라, 아이들의 생활과 경험을 중재하는 전적인 권한과 책임을 지고 있다. 아이가 갖고 태어난 생물학적(유전적/ 기질적)인 조건 이외의 환경 여건을 통제하는 유일한 주체자다. 그래서 부모는 자녀 발달에 대한 질 높은 리더십을 갖고 있어야 한다.

아이는 가정이라는 큰 선박에 승선한 것이고 부모는 그 배의 선장이다. 선장은 승객의 모든 것을 책임지는 대신 승객에 대한 통제권을 갖고 있다. 훌륭한 리더십을 지닌 선장은 승객에게 최선의 항해를 보장한다. 지식과 능력, 예민한 감수성과 판단력, 다가 올 미래를 예견하고 현명하게 대처하는 슬기 등 훌륭한 선장이 지니는 리더십을 부모도 갖추어야 한다.

부모의 구실은 크게 두 가지라고 규정되어 왔다. 하나는 자녀의 생계 즉 의식주를 해결해주는 도구적道具的 구실이요, 다른 하나는 자녀를 사랑하고 정서적 언어적으로 교류하는 표현적表現的 구실이다. 이 두 가지를 잘 수행하면 좋은 부모라고 동서고금에서 일러 왔다.

필자는 이 두 가지 구실에 하나를 더 첨가하여 부모의 리더십이 반드시 필요하다는 제안을 하고 싶다. 성공적인 자녀를 만들기 위한 부모의 리더십은 현대 사회에서 더욱 중요하게 요구된다. 전통사회에서는 계급의 세습과 경직된 문화적 틀 때문에 부모의 리더십이 차지하는 비중이 별로 크지 않았다. 눈에 보이지 않게 작용하고 있는 문화의 압력이 부모의 리더십을 능가하여 어린이들과 젊은이들을 이끌어 갔기 때문이다. 그러나 오늘날에는 사회문화적 자유와 변화 기회가 확대되어 젊은이들이 갈 길은 그 변화의 폭과 다양성이 너무 크고 결과적 편차 또한 너무 크다. 그렇기 때문에 부모의 리더십이 자녀 발달에 미치는 영향은 극대화되어 있다.

자녀의 도덕적 성숙에서 부모의 리더십은 절대적이다. 자녀들에게 문화시민으로서 인격 형성과 덕행을 실천하도록 격려하고 이끌어주는 일을 자연스럽게 오늘날 사회체제에서 실현하기는 참으로 어렵다. 그렇다고 학원이 해결해 줄 수도 없고 과외 공부가 해결해 줄 수도 없다. 그것은 오직 부모의 독점적 과업이다. 어린 자녀로부터 청소년 자녀에 이르기까지 부모 자신이 스스로를 도덕적으로 다스리면서 모범을 보이고, 엄격한 훈육과 올바른 가치교육을 실천하는 도덕적 리더십이 이 과업을 완성하는 밑거름이 될 것이다.

김광웅 _ 서울대학교 사범대학 교육학과와 같은 대학원을 졸업하고 단국대학교에서 교육학 박사학위를 취득했다. 한국행동과학연구소에서 아동발달 연구부장을 역임하고 미국 씨튼홀 대학교에서 초빙교수로 연구 · 수학하였다. 1976년부터 숙명여자대학교 아동복지학과 교수로 재직하여 왔다. '한국아동학회' 회장, '한국청소년복지학회' 회장, '한국유아특수교육학회' 회장, '한국놀이치료학회' 회장, '한국발달심리학회' 회장, '한국대학상담소장 협의회' 회장 등을 지냈고, 현재 2005~2006년도 '한국상담심리학회' 회장으로 봉사하고 있다. 주요 논문으로 〈한국아동의 종단적 연구〉, 〈한국아동의 사회화 과정〉, 〈한국청소년의 문화〉, 〈한국청소년의 정치 사회화 과정〉, 〈놀이의 치료적 가치〉 등 아동과 청소년의 발달과 상담에 관한 연구와 강의를 담당하고 있다.

외국의 문화시민운동

이 진 배 문화시민운동중앙협의회 사무총장

1. 문화시민운동이란?

왜 문화시민운동을 이야기할까? 우리 한국 사람들이 문화시민이 되자고 하는 뜻은 무슨 뜻일까? 우리가 문화시민이 아닌 비문화적 시민이란 뜻은 물론 아니다. 우리는 오천년의 역사를 통해 문화민족의 자긍심을 길러왔고, 지금도 그 정신을 연면히 계승하고 있다. 그래서 우리는 문화민족이라고 할 수 있다. 우리는 문화민족으로서 전통문화를 지키고 가꾸어 왔으며 거기에 알맞은 생활문화를 영위해 왔다. 예절을 숭상하는 동방예의지국으로 불리웠던 것이다.

문화민족이란 긴 세월동안 축적되어 온 전통과 역사의 산물이다. 우리 민족의 전통은 쌀농사를 주로 한 농경사회의 특성을 가지고 있다. 우리는 주로 내륙을 통해 외국의 문화를 받아들이되 우리 전통 위에 새로운 것을 더하여 독창성을 일구어왔다. 인도에서 중국을 거쳐 우리나라에 온 불교는 해동불교로, 중국의 유학이 우리나라에 와서는 조선성리학으로 된 것 등과 같이 독창성을 가진 문화로 재창조되었던 것이다.

이 같은 우리 공동체의 독창적 문화 창조의 방식은 앞으로도 계속 보존하고 발전시켜 나아갈 문화유산이다. 그런데 근대에 들어와 서세동점의 물결을 타고 전혀 이질적인 서구자본주의의 문화가 우리의 변화를 재촉하였다.

이제는 전국에 공장이 들어차고 도시화가 진행되고 있다. 산업화·도시화는 우리나라에 민주주의 이념이 뿌리내리는 바탕을 만들어 주었고, 자본주의 시장경제체제가 우리의 생활 그 자체가 되는 시대가 되었다. 그 결과 집단적, 위계질서적 공동체문화의 집단 귀속보다는 개인의 인격과 주체성이 존중되는 개인주의가 보급되었다. 문화시민이란 말에서 시민은 개인을 뜻한다. 문화시민사회의 개인은 공동체를 부정하지 않지만 억압적이고 폐쇄적인 집단주의는 배격한다.

산업화·도시화 단계만 해도 우리는 서구의 시민사회를 모방하고 수용하는 데 바빴다. 세계화·정보화 단계로 넘어서고 있는 현재 우리는 서구시민사회의 모방보다는 우리의 문화적 정체성을 바탕으로 한 세계 속의 일류시민을 생각하게 되었다. 그렇게 생각하게 된 배경은 간단하다. 세계화·정보화 시대의 생존방법은 창의력의 경쟁에서 이기는 것이다. 개방적이며 상상력이 풍부한 인성의 계발과, 끊임없이 새로운 발견에 도전하는 과학기술의 일류화를 통해서 창의력이 드높아진다. 그 같은 창의력을 드높일 수 있는 시민을 육성한 사회는 세계화·정보화 시대의 선진사회가 된다.

우리는 작지만 강한 나라, 강력한 문화의 힘으로 세계를 이끌어가는 일류시민의 나라가 되기를 원한다. 성숙한 민주주의와 행복한 삶을 보장할 정신적, 경제적 풍요로움이 있는 일류시민의 나라가 되기를 원한다. 이것은 우리의 꿈이며 도전이다. 이 꿈과 도전은 우리의 능동적이고 적극적인 문화시민운동에 달려 있다.

문화시민운동은 우리 각자 개개인이 세계 속의 시민정신이 무엇인가를 깨닫는 운동이며 세계 속의 일류시민이 되기 위한 자질과 행동을 학습하고 실천하는 운동이다. 따라서 문화시민운동은 개인을 바탕으로 하되 혼자서 성취하기는 어려운 사회교육운동의 성격을 갖게 된다.

그러면 우리만 이 같은 생각을 하고 있을까?

그렇지 않다. 우리가 30여 년의 압축적 국가발전의 토대 위에서 많은 어려움을 헤쳐 나가고 있는 것과는 달리, 선진 서구사회는 2백 년, 3백 년의 시민사회 발전과정을 통해 이 같은 생각을 가다듬고, 항상 '내일'을 준비해 왔다. 그들은 현재의 일류국가, 일류시민의 위상을 앞으로도 계속 지켜 나가고자 한다. 교육을 통해서, 문화예술 활동을 통해서 문화시민사회의 품질 관리를 게을리 하지 않고 있다.

여기서 우리가 외국의 문화시민운동을 살펴보고자 함은 선진국의 경험을 통해서 우리 자신을 다시 생각해 보고자 함이

다. 이와 같이 함으로써 우리는 우리 문화시민운동의 지표를
한층 명료하게 설정할 수 있다.

2. 외국의 문화시민운동 사례

외국의 문화시민운동은 그 나라의 역사와 전통에 따라서 각
기 다른 특징이 있다.

일본은 서구를 따라잡기 위한 서구화의 기조 위에서 서구의
인간존중 정신과 생활방법을 일본의 전통에 접목시키는 생활
화운동에 많은 노력을 기울여 왔다.

독일은 서구민주주의 후진국이자 나치즘을 경험한 나라로
써 제2차 세계대전 이후 시민 개개인을 자유민주주의의 가치
관으로 교양하고 민주시민의식을 성숙시키는 민주시민교육(일
명 '민주정치교육')을 적극 시행했다.

덴마크는 패전과 국운쇠락의 위기를 타개하고 국가를 다시
일으켜 세우기 위한 국민정신교육으로 국민고등학교운동을 통
해 나라의 운명을 성공적으로 개척했다.

미국은 청교도 정신과 자본주의 시장경제에 바탕을 둔 자유
민주주의를 발전시켜 왔다. 미국은 이주민들의 다양한 가치와
가지각색의 문화, 민주주의에 대한 무지와 무경험의 독특한 상

황 속에서 학교·가정·지역사회·종교집단·언론매체를 통해 민주적 능력과 태도를 육성하고 공유하기 위한 민주시민 자질 함양에 전력하였다.

이들 문화시민운동, 민주시민교육, 국민정신교육운동 등의 공통점은 박애·배려·예의·약속·책임·정직 등을 생활화함으로써 사회적 신뢰를 쌓고 인간존중의 민주주의 가치관으로 사회를 통합해낸 것이다.

이들은 이타주의의 실천으로 이기주의를 억제하고, 정직의 덕성으로 공정하고 공평하게 규칙과 법을 지키며, 각자의 개성과 인격을 존중하는 다양성으로 민주적 사회관계를 균형 있게 발전시키고 있다.

(1) 일본의 신생활운동과 작은 친절운동

일본의 문화시민운동에 해당하는 사례로 '신생활운동'과 '작은 친절운동' 두 가지를 들 수 있다.

먼저 신생활운동부터 알아보기로 하자.

제2차 세계대전에서 패전한 일본은 미국의 점령 아래서 미국식 자유민주주의 가치를 일방적으로 받아들일 수밖에 없게 되었다.

1947년 6월 일본 정부는 근로의욕의 드높임, 우애협력의 발휘, 자립정신의 함양, 사회정의의 실현, 합리적·민주적인 생활 관습의 확립 등 7가지 목표를 내건 '신일본건설운동(신생활운 동)'을 추진하였다. 그러나 시작은 순탄치 않았다. 결국 1955년 재단법인 신생활운동협회(1982. 4. 내일의 일본을 만드는 협 회)가 창설되면서, 범국민운동으로 전개되기 시작한다.

주민 스스로가 주체적으로 생활개선 목표와 과제를 선정하 고 실천함으로써 의식이나 태도를 시정하고 향상시켜 나가는 일과, 지역적 과제를 해결하는 데 주민 각자가 주인공으로 활동 함으로써 의식을 변화시키고 자율성을 높이는 동시에 지역적 연대와 상호협력 관계를 북돋는 데 운동의 역점이 주어졌다.

가정주부가 중심이 되어 자녀교육, 노인문제, 일상생활의 문제 등을 공동으로 모색해 나가는 '생활학교운동'이나, 청· 장년층이 중심이 된 '생활회의운동', 노인들이 주도하는 '실버 회의', 청소년들의 문제를 다루는 '건전한 가정과 지역 만들 기' 추진회의 등으로 추진하였다.

1970년대 후반부터 시작하여 1980년대 이후에는 '마찌스쿠 리'(지역 만들기) 운동과 '보란티아' 운동이 전국적으로 전개되 었다. 일본의 시민의식에서 주민의 주체적 참여가 한층 강조되 고, 생활수준 향상, 문화적 욕구, 자아실현을 추구하는 운동이 주로 지역 단위를 구심체로 하여 확산되었다. 마찌스쿠리 운동과 보란티아 운동은 행정조직의 개입을 극복했다는 데 큰 의미가 있고, 시민사회의 횡적인 연결망 속에서 자기 변혁을 꾀한다는 점에서 신생활운동이 자발적, 생산적 시민운동으로 발전된 사례가 된다.

다음으로 작은 친절운동을 살펴 보자.

작은 친절운동은 도쿄 대학 가야세이지芽誠司 총장의 1963년 졸업식 송사를 계기로 시작되었다. "할 수 있는 친절은 모두 하자. 그것이 사회의 습관이 되도록"을 슬로건으로 내건 작은 친절운동은 고도성장의 시동이 걸린 1950년대를 배경으로 경제적 풍요 속의 삭막한 인간관계와 사회분위기를 성찰하는 한 지식인의 호소가 큰 파문을 일으키며 확산된 경우이다.

이 운동의 시작은 '안녕하세요', '감사합니다'를 나부터 소리내어 말하자, '인사는 마음의 만남'이며 '너는 너, 나는 나이지만, 사이가 좋게'라는 정신을 이해하고 실천하자는 소박한 제안이었다. 서로의 존재를 인정하고 서로가 함께 잘사는 공존·공영의 정신이 바탕에 깔려 있음을 알 수 있다. 곧 민주주의의 인간존중 사상을 작은 친절운동에서는 그렇게 풀이해 나가고 있다.

'작은 친절이 인격을 만든다'는 말도 주요 메시지이다. 자원봉사활동도 작은 친절도 결국은 같은 것이며, 누구로부터도 명령받지 않고 사회를 위해서 할 일을 하는 마음은 바로 개개인 스스로의 자신을 성숙시킨다는 것이다.

작은 친절운동은 아래와 같은 '작은 친절' 8계명을 실천하자고 한다.

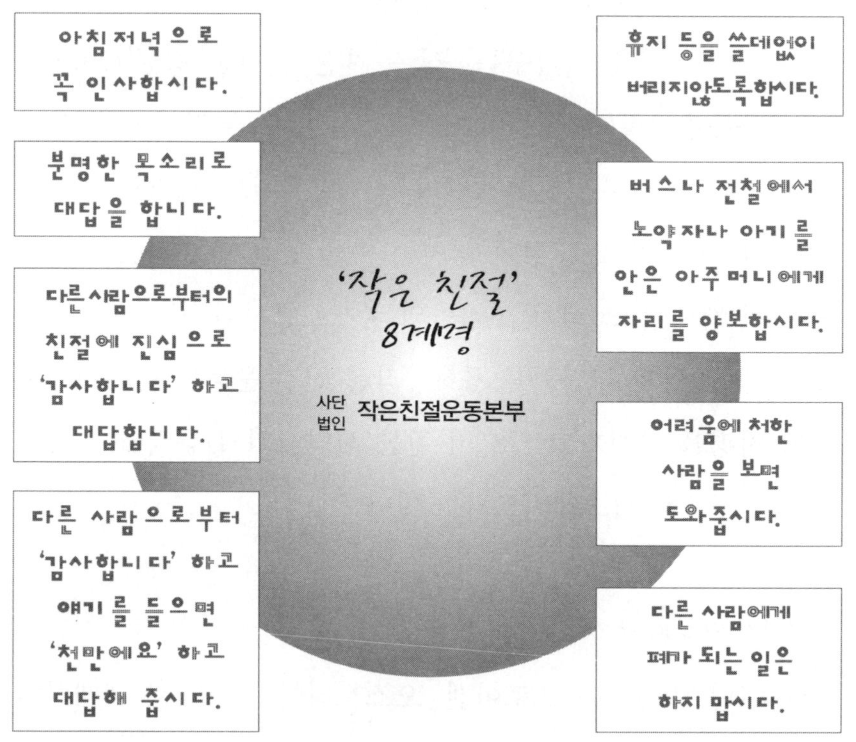

1964년도 도쿄올림픽은 '작은 친절'운동에 불을 당겼고 일본 정부는 그때부터 지금까지 '작은 친절'운동의 가장 믿음직한 후원자로서 꾸준히 지원하고 있다. 도쿄 올림픽이 끝나서도

작은 친절운동은 중단되지 않았다. 현재 40만 명의 회원을 가진 시민운동으로 발전했으며, 35개 도·부·현 본부가 조직되어 있고, 실행장이 증정된 적극적 참여자들만 해도 약 450만 명에 이른다. 정부 지원금보다는 회원의 회비가 더 큰 몫을 충당하고 있으며, 로또 수익금도 일부 지원되고 있다.

청소년의 마음을 가꾸는 '작은 친절', '작은 콩쿨'(29회차) '인사운동추진학교' 활동비 교부, '일본열도 클린대작전'(23회차 : 아름다운일본, 아름다운 마음), '일본열도 코스모스작전'(19회차 : 코스모스로 정이 넘치는 마을 만들기), '작은 친절우편 엽서 캠페인'(20회차), '마음의 국제교류사업'(세계친절운동교류) 등 사업의 다양화를 통해 '작은 친절'운동은 문화시민사회의 지평을 넓혀가고 있으며 일본 시민사회의 품격을 조금씩 그러나 꾸준히 업그레이드하고 있다.

(2) 덴마크의 국민고등학교운동

1864년 덴마크는 프로이센, 오스트리아 전쟁에서 패배하여 스칸디나비아 반도 전부와 기름진 독일 북부를 다 잃어버리고 척박한 황무지인 유트란드(Jutland) 반도로 국토가 축소되었다. 나라는 당파 싸움과 부패와 이기주의로 혼란에 빠졌고, 사회적 가치관도 무너져 내렸다.

이때 그룬트비히(N.F.S Crundvig), 콜트(K. Kold) 등 덴마크의 선각자들이 나라를 회생시키기 위한 국민정신교육운동에 나섰다. 국민고등학교(folk high school)는 이들 선각자들이 창안한 성인교육의 모델이 되었다. 덴마크는 이 교육운동을 성공시켜 국민정신을 개혁하였고 사회개혁으로 이어져 오늘날 서구 선진국가의 일원으로, 복지국가의 전형으로 성장하게 되었다.

그룬트비히의 국민고등학교운동은 국민학교나 중등교육을 받은 청년을 대상으로 자격이 되면 누구나 국민고등학교에 입학할 수 있고, 평균 학생 수는 50명 내외로 하였다. 그룬트비히는 이기적인 지식인과 신념 없는 청년을 무엇보다 배격했다. 지식층의 이기주의와 황금만능주의의 말소는 교육의 가장 중요한 목표였던 것이다.

교육운동은 ① 서로 돕고 뭉치는 협동정신, ② 규칙과 질서를 지키고 자유로운 토론을 통해 상대방의 인격에 대한 존엄성을 배우는 민주시민정신, ③ 애족애향정신의 배양을 목적으로 삼았다.

그런데 이와 같은 성인교육의 전통이 현재까지 계승·발전되고 있다는 사실이 중요하다. 이기주의와 범죄, 부정부패를 타파하기 위한 문화시민운동이 높은 시민문화 수준에도 불구하고 지속되고 있다. 거리 교통질서와 도로안전 증진을 위해

홍보 및 교육사업을 실시하고 있으며, 공영 텔레비전 방송은 도로안전을 위한 홍보 및 교육프로그램을 1회 10분 정도씩 정기적으로 방영하고 있다. 19세기 국민고등학교의 구실을 공공의 이익을 도모하는 방송미디어가 떠맡은 것이다.

행락 질서, 공중 질서, 경기장 질서도 마찬가지이다. 특히 시위 질서 유지, 도시미화, 주차 질서는 문화시민운동의 주요과제 가운데 하나이다. 코펜하겐 시청은 1978년 대규모 도시미화캠페인을 실시했고, 코펜하겐 시청은 관광협회와 함께 1984년 또 다시 비슷한 캠페인을 벌였다. 이와 같은 공중을 위한 캠페인은 주로 공영 텔레비전, 라디오 및 도서관 등을 활용하고 있다.

(3) 독일의 민주시민교육운동

독일의 문화시민운동은 독일이 독특하게 발전시켜 온 민주시민교육으로 요약된다. 제2차 세계대전 패전 뒤 독일은 동·서독으로 분단되어 서독은 서구식 민주주의 체제를 수립하고 동독은 공산주의 체제 속에 편입되었다.

민주시민교육은 서독이 나치즘의 집단주의적 비민주성을 청산하고 국민들의 자유민주적 사고방식을 증대시키기 위해 국책으로 채택하였다. 서독이 채택한 자유민주주의는 다양한 의견을 존중하고 자유로운 자아실현을 가능케 하는 제도로서

자유민주주의를 학습하지 않고서는 민주적 상호존중이나 자아
실현의 자유를 생활 속에 신속히 뿌리내릴 수 없다고 판단했기
때문이다.

나치즘의 집단주의를 자유로운 개인이 주체가 되는 개인주
의로 의식을 개혁하는 일이 중요하였다. 더욱이 경제에서 자유
경쟁을 원칙으로 하는 자본주의는 사회적 갈등과 대립의 문제
를 만들어냈다. 서독경제가 1960년대 라인강의 기적으로 불리
는 성공을 거두자 그와 같은 갈등과 대립에 대한 사회적 대응
은 매우 중요해졌다.

민주시민교육은 1963년 서독 연방정부안에 정치교육연방
본부(Bundeszentrale fuer politische Bildung)가 설치되면서 체계
적으로 확대되었다. 그 과정에서 민주시민교육의 내용은 다음
과 같이 정립되었다(《현대민주시민교육론》, 전득주 외, 평민
사, 187쪽).

① 민주주의 국가 질서와 사회발전의 변화에 대해 이해를 촉진시킨다.

② 의회 법치국가적 민주주의 정치·경제·문화·사회적 문제와 갈
  등을 극복하기 위하여 민주주의 기능과 구실을 설명한다.

③ 자유·법치민주주의의 적대자들의 목적과 활동에 대한 논쟁점이
  무엇인가를 파악한다.

④ 소수민족과 인종에 대한 선입관과 배타적인 태도의 극복과 관용
    에 대한 인식을 심어준다
⑤ 독일 역사에 대한 선입관을 없애고 비판적 태도을 취하는 교육
    을 시킨다.
⑥ 국제 · 정치 관계와 다른 국가 및 민족의 생활양식과 정치에 대
    한 지식을 넓힌다.
⑦ 유럽의 통합 국제협력과 정치적 · 군사적 평화 협정의 필요성과
    국제문제에 대해 이해시킨다.
⑧ 국가와 사회 그리고 제3세계에 대한 관계와 문제 등을 주제로
    한다.

이상에서 보듯이 독일의 민주시민교육은 민주시민의식을
함양하여 성숙한 시민사회를 지향하고 있다. 독일 통일 후 민
주시민교육은 구 동독지역에까지 확대되었다. 연방정부는 제
도적으로 교육활동을 시행하고 1천억 원에 이르는 예산을 지
원하고 있다.

모든 학교는 학생들에게 1주일에 1시간 이상 민주시민교육
을 하고 있다. 독일 국민들은 학교에 다니기 시작하면서부터
민주주의의 개념과 운영 원리, 민주시민의 책임과 권한, 인종
주의와 폭력의 폐해, 시민참여, 남녀평등 등 민주시민으로서

필요한 소양을 배운다.

동독 출신 시민은 특히 개인의 주체적 판단과 선택에 서투르고 익숙하지 않다. 국가(당)에서 모든 것을 선택하고 판단해 주었기 때문이다. 그래서 민주시민의 관점에서 본 동독인은 미성숙인일 수밖에 없고, 동독인 스스로 그 사실을 인정하고 급여의 불평등마저 감수하고 있음을 1997년 독일 민주시민교육 현황 관찰여행에서 확인할 수 있었다. 독일정부가 막대한 예산을 투입하고 있는 이유는 바로 이와 같은 상황을 바로 잡고자 하는 데 있는 것이다.

"독일에서 민주시민교육은 학교를 졸업한 뒤에도 계속됩니다. 학교를 대신해서 정부(연방정부, 주정부, 지방자치단체), 이익단체(정당, 교회, 기업, 노조), 언론매체, 시민단체 등이 교육을 합니다. 교육 주체가 이렇게 다양한 것은 '민주주의 생명은 다원성의 존중'이라는 믿음 때문입니다. 현재 민주시민교육을 담당하는 기관이나 단체는 1천여 곳에 이르며, 매년 독일 인구의 0.5%인 40여만 명이 민주시민교육에 참가합니다. 얼핏 보면 교육 참가율이 낮게 여겨지지만 민주시민교육은 교사·경찰·군인·학자 등 여론 주도층을 주요 대상으로 삼고 있어서 파급 효과가 큽니다."

인터넷 한겨레신문 2001년 7월 8일자 권복기 기자

민주시민교육의 구체적 내용은 주차, 환경오염, 소음, 보행자 보호문제 등 거리교통 질서에서부터 청결한 생활환경, 자연보호 등에 이르는 민주시민의 기본 덕목을 망라하고 있다. 독일의 민주시민교육이 정치교육이라 함은 민주주의 가치관을 생활화한다는 의미이며, 그 생활화는 곧 일상에서의 의식, 태도가 성숙한 민주시민의 실천 행위로 체질화함을 뜻한다. 곧 문화시민운동 차원의 사회교육과 다름이 없음을 알 수 있다.

3. 문화시민운동은 선진국으로 가는 길

일본의 '작은 친절'운동이 1964년 도쿄올림픽을 계기로 확산되어 오늘에 이르고 있음에 견주어 우리의 문화시민운동은 2002 한·일 월드컵을 계기로 정착의 길에 접어들었다. 일본의 신생활운동이 우리나라의 새마을운동과 같은 시대적 산물인 것처럼 '작은 친절운동'이나 '문화시민운동' 역시 나라의 성장 단계에 상응하는 사회적 호응을 받고 있다고 할 수 있다.

그런데 우리 문화시민운동은 너무 성급하게 그 가시적 성과를 요구받고 있다. 우리는 일본의 작은 친절운동의 꾸준하고 인내심 있는 일관성과 미래를 향한 착실한 전진의 자세로부터 깨닫고 배워야 한다고 본다.

친절, 질서, 청결의 문화시민운동은 타인에 대한 배려와 인간존중, 약속과 규칙, 법을 지키는 질서의식, 삶의 환경을 아름답게 가꾸는 청결의식을 실천하는 일이다. 일상생활의 작은 일들로 보이지만 아름다운 화장실 운동이 가져온 우리 사회의 변화는 결코 작지 않다. 우리나라의 이미지를 아름답게 가꾸고 스스로 자긍심을 느낄 수 있는 의식의 변화를 가져오고 있는 것이다. 이 의식의 변화가 축적된 것이 곧 민주시민의식으로 사회화 과정을 밟게 된다.

덴마크의 경우 그룬트비히의 국민정신교육운동은 그 시대적 상황에서 어려운 선택이었을 뿐 아니라, 선구자적 열정이 없었다면 성공하지 못했을 것이다. 문화시민운동을 하고 있는 우리 역시 나라의 지속적인 발전을 도모하고 행복한 삶의 질을 가꾸어 통일이 되는 날에 대비해야 하는 역사적으로 매우 중요한 선택을 앞에 두고 있다.

독일 통일 이후 민주시민교육을 통해 국민을 통합하고 민주주의 시대의 앞서가는 선진시민으로 발돋움하는 적극적 자세는 과거 덴마크의 국민정신교육운동과 맞물리며 우리에게 단단한 각오와 정진을 다짐하게 한다.

문화시민운동은 우리가 붙인 명칭이며 우리가 선택한 것이다. 외국의 사례에서 보듯이 각기 다른 명칭을 사용하고 있으나 근본은 자랑스런 나라, 강한 나라, 그리고 멋진 시민과 품격 있는 사회를 만드는 데 공통적이다. 문화시민운동은 세계 속의 일류국가, 작지만 강한 나라, 성숙한 민주시민이 행복을 창조하는 문화시민사회로 가는 길이며, 우리는 이 길을 통해 21세기의 큰 길을 열어 나갈 수 있다.

앞서가고 있는 외국의 성공 경험은 우리의 문화시민운동을 고무하고 격려하고 있다. 문화시민운동은 우리나라의 얼굴을 아름답게 만든다. 문화한국, 문화시민사회는 우리나라의 이미지를 세계 속의 일류로 부각시키는 힘의 원천이다. 21세기 문화의 세기를 선도하는 경쟁력은 '문화한국'의 이미지로 뒷받침된다. 문화시민운동은 우리나라가 선진국으로 가는 지름길인 것이다.

이진배 _ 1943년 서울에서 태어나 서울대학교 법과대학에서 행정학을 공부한 뒤, 행정고시에 합격, 1970년 2월 문화공보부 사무관으로 공직생활을 시작했다. 문화공보부 근무 중 홍콩, 워싱턴, 로마, 캔버라 주재 대사관에서 Culture & Information Attache로 우리 문화를 소개하고, 한국을 알리는 업무를 수행했다. 공보처 홍보국장, 여론국장, 기획관리실장을 거쳐 문화관광부 차관보(1998~1999), 한국문화예술진흥원 사무총장(1999~2003)을 지냈다. 현재 중앙대학교 예술대학원 겸임교수, 문화시민운동중앙협의회 사무총장으로 일하고 있다.

민주사회의 기본정신

이 수 영 새문안교회 목사

1. 서론

　무슨 일에나 기본이라는 것이 있다. 그리고 기본은 다른 무엇보다 중요한 것이다. 학문을 해도 기본이 잘 되어 있어야 좋은 학자가 될 수 있다. 예술 활동을 해도 기본을 잘 다진 사람이 대성할 수 있으며 운동선수도 기본기를 착실히 닦은 사람이 큰 선수가 될 수 있다고 본다. 일반 사람도 기본이 덜된 사람은 아무리 잘난 척해도 훌륭한 인물이 될 수 없다. 나라도 마찬가지다. 기본이 안 되어 있는 나라는 아무리 짧은 시일에 경제성장을 이루고 흥청거려도 오래 못 가고 거품처럼 주저앉고 말 것이다.

　우리나라는 지금 온갖 분야에서 무너져가고 있는 것 같다. 자유민주주의의 기본을 익히지 못했기 때문이다. 자유민주주의 사회의 기본 정신을 가정과 학교에서 어려서부터 가르쳐야 함에도 지금 그 어디에서도 그 교육이 바르게 이루어지지 않고 있다. 그 결과는 우리 사회가 불신사회이고 혼란과 무법 천지이며 나아가 국가존립의 위기로까지 나타나는 것이다. 이제는 정말로 자유민주주의 기본 정신을 어린 세대와 젊은이들에게 가르쳐야 한다. 학교 탓만 하고 있을 것이 아니라 가정에서부터 시작해야 한다.

인간은 사회적 동물이다. 사회란 나 아닌 다른 사람의 존재를 인정하는 것이고 따라서 바른 관계에 따라서 건강하게 유지되는 것이다. 나와 그밖의 사람들과 어떻게 관계를 맺고 이해하고 살아가는가 하는 것이 그 무엇보다 중요하다. 가정에서 부모들이 자녀에게 가장 먼저 그리고 가장 중요시하며 가르쳐야 하는 것이 바로 그 관계이다. 자유민주주의 사회에서 모든 관계가 바르게 이루어지고 유지되기 위하여 그 모든 구성원들이 지켜야 할 몇 가지 기본 정신이 있다고 생각한다. 그 기본 정신을 우리는 어려서부터 부지런히 익히고 열심히 가르쳐야 할 것이다.

2. 어른 공경의 정신

모든 사람이 사회의 일원이 되면서 갖게 되는 첫 번째 관계는 부모 자식간의 관계이다. 사람은 누구나 세상에 태어나는 순간부터 부모와 자식이라는 관계를 갖게 되는데, 이 관계는 사회의 모든 관계의 기초와 출발이 된다. 가정에서부터 부모와 관계가 정상적이지 못한 사람은 사회에 나와서 모든 관계를 제대로 갖기 어렵다. 모든 사회문제는 가정문제에서 온다는 말은 괜히 하는 말이 아닌 것이다. 유대교와 기독교가 공유하는 십계명은 인간 사이의 여러 가지 관계들을 말하며 가장 먼저 부모와 자식 사이의 관계를 말하고 있다. 바로 "네 부모를 공경하라"는 것이다. 성경은 "여호와를 경외하라", "여호와를 영화롭게 하라" 할 때에 쓰는 단어를 "네 부모를 공경하라"는 계명에서도 그대로 씀으로써 부모를 공경하는 것이 하나님을 경외하며 하나님을 영화롭게 하는 것과 얼마나 밀접한 관계에 있는지를 단적으로 보여주고 있다.

성경에서 하나님과 우리 사이의 관계를 보여주는 여러 비유 가운데 가장 중요하고 대표적인 것이 아버지와 아들의 관계 비유이다. 실제로 하나님은 자신을 '우리 아버지'라고 부르게 하신다. 이 사실은 우리가 부모님에게 드리는 공경이 거의 하나님께 드릴 경외와 순종에 가까운 것이어야 함을 말해주는 것이다.

우리를 낳으시고 우리로 하여금 이 세상에 존재하며 살게 해 주신 부모님께 이에 마땅한 공경을 드려야 한다는 것은 성경의 정신이다. 《구약성경》〈잠언〉에서는 "너는 너를 낳은 아비에게 청종하고 네 늙은 어미를 경히 여기지 말지니라"(23:22)라고 했다. 《신약성경》〈에베소서〉에서는 "네 아버지와 어머니를 공경하라. 이것이 약속이 있는 첫 계명"(6:2)이라고 했다.

그런데 여기서 중요한 것 한 가지는 부모라는 개념을 더 넓게 이해해야 한다는 것이다. 내 부모님뿐 아니라 내 아내의 부모님, 내 남편의 부모님에게도 내 부모님에게 하는 공경과 똑같은 공경을 드려야 함은 두말 할 나위가 없다. 또 부모 공경은 내 부모님들과 같은 연배의 어른들까지도 함께 공경해야 하는 데로 나아가야 한다. 성경은 "늙은이를 꾸짖지 말고 권하되 아버지에게 하듯 하라" 했고 "늙은 여자에게는 어머니에게 하듯 하라"고 했다(딤전5:1-2). 주위의 모든 연로하신 분들을 다 나의 아버지, 어머니처럼 대하라는 것이 성경의 가르침인 것이다. "너는 센 머리 앞에서 일어서고 노인의 얼굴을 공경하며 네 하나님을 경외하라"(레19:32) 함으로써 아예 어른을 공경하는 것을 거의 하나님을 경외하는 것만큼이나 높이고 있다. 요즘은 지하철 같은 데에서 할머니, 할아버지가 서 계신데도 눈 딱 감고 안 일어나는 젊은이들이 많다. 어른들 앞에서는 일어설 줄 알고 자리를 내드릴 줄 아는 것은 인간의 기본적인 예의범절이며 민주사회에서 바른 관계의 출발이다.

부모와 같이 공경할 대상은 단지 나이가 많으신 분들만이 아니다. 《구약성경》의 선지자 엘리사는 스승 엘리야가 회오리바람에 하늘로 올라가는 것을 보고는 "내 아버지여, 내 아버지여"라고 소리를 질렀다(왕하2:12). 즉 스승도 아버지라고 부르는 것이 성경의 히브리 사람들의 정신이었다. 학교에서 선생님들의 권위가 무너지고 선생님들에 대한 존경이 사라지고 있는 오늘날 우리 사회의 슬픈 현실 속에서 우리는 스승을 부모처럼 공경하는 정신을 회복해야 할 것이다.

또 엘리사가 죽을 병이 들었을 때에는 이스라엘의 왕 요아스가 눈물을 흘리며 "내 아버지여, 내 아버지여" 했다고 한다(왕하13:14). 이렇게 성경은 영적, 도덕적 지도자들에게 아버지에게 돌리는 공경과 같은 존경을 돌려야 한다는 것을 보여준다. 모든 어른들을 공경하는 것이 '네 부모를 공경하라'는 뜻을 바르게 실천하는 것이며 건강한 자유민주주의 사회를 만드는 일 가운데 하나인 것이다.

3. 생명존중과 사랑의 정신

개인과 사회의 존재에 가장 치명적인 위협은 무엇보다도 죽음이다. 따라서 어느 사회에서나 사람을 죽이는 것을 가장 중한 범죄로 여기고 있다. 따라서 "살인하지 말라"는 것은 모든 금지명령의 첫 번째 자리에 와야 하는 것이다. 십계명에서도 부모와 자식간의 수직적 관계가 아닌 사람들 사이의 수평적 관계의 계명 가운데 첫 번째로 "살인하지 말라"는 계명을 두고 있다. 그런데 이 계명에서 살인한다는 히브리어는 동족 사이에서 죽이는 행위를 가리키는 것이고, 또 집단적 행동이 아니라 개인적 행동으로서의 살인행위를 가리키는 단어이다. 즉 이 계명에서 '살인하지 말라'는 말은 전쟁에서 적을 죽이는 행위나, 형법상의 공적인 사형집행이나, 비고의적 실수에 의한 살인이나, 동물들의 살육 같은 데에는 적용되지 않는다는 것을 의미한다. 다시 말하면 동족들 사이에 '죽이지 말라', 개인적인 관계 속에서 '죽이지 말라'는 뜻인 것이다. 그러므로 나라와 민족의 안전을 위협하는 적군과 전투에서 불가피하게 살인하는 것까지도 하지 못하게 하는 것은 아니라는 말이다. 또 사회적으로 명백히 법을 어긴 사람의 사형을 집행하는 행위에도 적용되지 않는 것이다. 또 고의성이 없는 실수나 우발적인 사건으로 인해서 죽는 것에 대해서도 적용시켜서는 안 된다는 것이다.

그런데 "살인하지 말라"는 계명의 의미는 더 넓게 이해되어야 한다. 즉 "살인하지 말라"고 부정적인 형태로 주어진 명령을 우리는 긍정적이고 적극적으로 이해해야 한다는 것이다. 다만 다른 사람의 생명을 해치지 않을 뿐 아니라 사람의 생명을 위협하는 모든 것으로부터 사람을 보호하고 위험을 예방하는 노력을 기울이는 데까지 나아가라는 명령으로 받아들이자는 것이다. 성경에 보면 이런 말씀이 있다. "소가 본래 받는 버릇이 있고 그 임자는 그로 말미암아 경고를 받았으되 단속하지 아니하여 남녀를 막론하고 받아 죽이면 그 소는 돌로 쳐 죽일 것이고 임자도 죽일 것"(출21:29). 소의 주인들은 사람들이 그 소의 뿔에 받치지 않도록 단속을 잘 해야 한다는 것이다. 소가 지닌 위험성을 알면서 자기 소 단속을 게을리 하는 것은 "살인하지 말라"는 계명을 어기는 것이 된다는 것이다. 만일 소가 사람을 뿔로 받아서 죽이면 그 소도 죽일 뿐만 아니라 임자도 죽어야 한다는 뜻이 무엇이겠는가? 다른 사람의 생명을 안전하게 지키려는 의식이 부족하여 자기의 소를 잘 단속하지 않는 것은 곧 살인행위나 다름없다는 뜻이다.

또 이런 말씀도 있다. "네가 새 집을 지을 때에 지붕에 난간을 만들어 사람이 떨어지지 않게 하라. 그 피가 네 집에 돌아갈까 하노라"(신22:8). 집을 짓기 위하여 인부들이 높은 곳에 올라가야 할 경우에는 인부들이 발을 잘못 디뎌 떨어지지 않도록 난간을 만드는 등 안전대책을 세워서 집을 짓다가 떨어져 죽는 일이 없게 하라는 것이다. 만일 그런 조치를 하지 않았다가 인부가 떨어져 죽게 되면 살인한 것과 똑같이 간주될 것이라는 말이다. 이것도 남의 생명에 대한 안전불감증 자체가 이미 살인죄에 해당된다는 사실을 보여주는 것이다.

이렇게 "살인하지 말라"는 계명은 남의 생명을 귀하게 여기고 남의 생명을 아끼려는 적극적인 행동을 요구하고 있는 것이다. 특히 다른 나라에 와서 외롭고 낯설고 자유롭지 못하고 안전이 보장되지 않은 외국인들에 대해 각별한 관심과 배려를 베푸는 것은 성경이 "살인하지 말라"는 계명을 통해 뜻하는 바이다. 신약성경에서는 "형제 사랑하기를 계속하고 손님 대접하기를 잊지 말라. 이로써 부지중에 천사들을 대접한 이들도 있었느니라"(히13:1) 했는데, 여기서 손님이란 바로 타지에서 온 사람을 가리킨다. 우리는 우리 주위에 있는 외국인들을 열심히 보살피는 사랑을 베풀 수 있어야 한다.

《신약성경》에서는 또한 "그 형제를 미워하는 자마다 살인하는 자"(요일3:1)라고 했다. 이 말씀은 "살인하지 말라"는 계명을 더 넓게 이해해야 함을 보여주는 말씀이다. 즉 살인하지 말라는 것은 다만 생물학적으로 남의 생명을 끊거나 위협하는 일을 하지 않는 정도가 아니라, 마음으로부터 누구를 미워하는 것조차도 하지 말아야 한다는 뜻이다. 예수님께서는 친히 "살인하지 말라"는 계명의 의미를 이렇게 발전시키셨다. "옛 사람에게 말한 바 살인하지 말라, 누구든지 살인하면 심판을 받게 되리라 하였다는 것을 너희가 들었으나 나는 너희에게 이르노니 형제에게 노하는 자마다 심판을 받게 되고 형제에 대하여 라가(바보)라 하는 자는 공회에 잡혀가게 되고 미련한 놈이라 하는 자는 지옥 불에 들어가게 되리라"(마5:21-24) 하신 것이다. 그러니까 형제에 대해서 화내는 것, 바보라고 욕하는 것,

미련한 놈이라고 흥보는 것도 다 지옥 불에 들어갈 죄이며 살인하는 것과 동등한 행위로 규정된다는 말이다. 따라서 우리가 "살인하지 말라"는 계명의 정신을 성경적으로 바르게 지키려면 모든 사람에 대해서 인내가 필요하다. 인내할 줄 알고 아량을 가지고 상대방을 이해하려고 하며 좀 못나 보여도, 좀 답답해 보여도, 좀 굼떠도, 좀 속 썩여도 '저 사람이 왜 저럴 수밖에 없는지?' 이해하려고 노력하고 용서하며, 할 수 있는 대로 화목하려고 하는 것이 진정으로 "살인하지 말라"는 계명을 바로 지키는 길이다.

또 다만 생물학적 생명뿐 아니라 다른 사람에게도 생명같이 귀하게 여겨지는 모든 것을 존중하는 것이 "살인하지 말라"는 계명을 바로 지키는 것이다. 어떤 사람은 명예를 지키기 위해서 스스로 목숨을 끊기도 한다. 그 사람에게는 생명보다 더 중한 것이 명예이기 때문이다. 그런 사람에게서 생명보다 더 귀한 명예를 짓밟는다면 그것은 살인행위나 다름없는 것이다. "나에게 자유를 달라, 그렇지 않으면 죽음을 달라"는 사람도 있다. 그런 사람에게는 자유가 생명보다 더 중요한 것이다. 명예나 자유뿐 아니라 인격, 감정, 의지, 건강, 순결, 평화로운 삶, 유쾌한 삶, 고귀하고 품위있게 사는 것, 질 높은 삶을 살 권리 등, 이 모든 것이 사람에 따라서는 생명보다 더 중요한 것일

수 있다. 따라서 "살인하지 말라"고 하는 것은, 그 어떤 사람이라도 그 사람이 생명과 같이 중요하고 귀하게 여기는 모든 것을 다 존중하고 지켜줄 줄 알라는 명령이다. 따라서 타인의 자유를 박탈하는 납치, 감금 같은 것은 살인행위와 같은 것임을 우리가 알아야 한다.

또 타인의 인격을 짓밟는 온갖 종류의 언어폭력, 중상모략, 근거 없이 남을 공격하는 모든 언행, 허위사실을 유포하는 것, 남의 사생활을 폭로하는 것 등도 다 살인행위에 범죄인 것이다. 특히 순결을 생명보다 더 중하게 여기는 여성에게서 본인의 의사와 상관없이 일방적으로 순결을 빼앗거나 매춘을 강요하는 행위는 살인행위에 조금도 못하지 않은 범죄이다. 또 남의 감정을 일방적으로 무시하고 짓밟으며 성적 수치심을 유발시키는 성추행이나 성희롱도 살인행위에 준하는 죄임을 알아야 한다.

그 밖에도 당사자의 의지와 상관없이 그가 원치 않는 어떤 행동을 강요하는 것, 예를 들면 대학에 입학을 하고나서 또는 군대에 가면 만나게 되는 환영회나 환송회 같은 자리에서 술을 강제로 먹이는 행위나, 담배 안 피우는 사람에게 담배 피우기를 강요하는 것도 경우에 따라서는 살인행위가 된다. 또 노래하기를 싫어하고 노래 잘 못하는 것을 부끄럽게 여기는 사람에게 노래 부르기를 강요하는 것이나, 춤을 출 줄도 모르고 춤추는 것을 싫어하는 사람에게 춤을 추라고 강요하는 것들도 다 "살인하지 말라"는 계명의 정신을 바르게 따르지 않는 것이다.

이렇게 남의 감정과 의지와 인격을 무시하고 어떤 일을 강요함으로써 수치감을 주고 명예를 짓밟는 행위는 모두 살인행위에 준하는 것임을 우리는 명심해야 한다. 공공장소에서 버젓이 담배 피우는 것도 살인행위에 속하는 것이다. 남이야 어떻게 되건 오·폐수를 마구 버리는 행위, 이것도 살인하는 짓이다. 사람이 먹을 음식물에 공업용 화학물질을 섞는 행위, 분명히 산업재해가 발생할 것을 알면서도 그것을 방치하는 행위, 그냥 내버려두면 작업하다가 손발이 잘리는 사고가 날 것을 뻔히 알면서도 안전장치를 하지 않는 짓도 모두 살인행위이다. 무슨 공사든 맡았다 하면 부실공사 하는 것, 그렇게 하면 5년이나 10년 안에 무너져 대형참사가 일어날지 모르는데도 부실공사 하는 것, 술 마시고 운전하는 것, 온갖 종류의 안전불감증에 걸려 있는 것도 다 "살인하지 말라"는 계명의 정신을 범하는 짓임을 우리가 알아야 한다. 또 조용하게 잠을 자야 하는 사람에게 계속해서 소음을 만들어 내고, 건강해야 할 사람에게 온갖 먼지를 뿜어대며, 또 멀쩡한 사람을 이른바 왕따 만드는 등 남에게서 평화롭고 유쾌하게 살 삶의 권리를 짓밟는 모든 행위도 "살인하지 말라"는 계명의 정신에 위배되는 것이다.

예수님께서 "그러므로 무엇이든지 남에게 대접을 받고자 하는 대로 너희도 남을 대접하라. 이것이 율법이요 선지자니라"(마7:12)라고 하셨다. "이것이 율법이요 선지자니라"라고 하신 것은 살인하지 말라고 하는 계명도 결국은 "무엇이든지 남에게 대접을 받고자 하는 대로 너희도 남을 대접하라"는 이 율법 속에 다 들어가는 것이라는 말씀이다. 그러므로 "살인하지 말라"는 계명의 의미는 내가 내 뜻대로 살고 싶으면 남에게도 같은 권리를 인정해주고, 내가 원하는 자유와 안전과 안락함과 유쾌함을 빼앗기기를 원하지 않는다면 남에게서도 그것들을 빼앗지 말라는 것이다.

"살인하지 말라"는 부정적이고 소극적인 형식으로 주어진 계명을 긍정적이고 적극적인 의미는 한마디로 요약하면 '사랑하라'는 것이다. 그 누구도 죽이지 않는 것으로 그칠 것이 아니라, 누구든지 사랑해야 한다는 뜻인 것이다. 성경은 "피차 사랑의 빚 외에는 아무에게든지 아무 빚도 지지 말라. 남을 사랑하는 자는 율법을 다 이루었느니라"(롬13:8)라고 가르치고 있다. 살인하지 말라는 계명을 포함해서 모든 율법은 사랑 속에서 다 이루어진다는 말이다. 또 "간음하지 말라, 살인하지 말라, 도둑질하지 말라, 탐내지 말라 하는 것과 그 밖에 다른 계명이 있을 지라도 네 이웃을 네 자신과 같이 사랑하라 하신 그 말씀 가운데 다 들었느니라. 사랑은 이웃에게 악을 행하지 아니하노니 그러므로 사랑은 율법의 완성이니라"(롬13:9-10)라고 했다. 그러므로 "살인하지 말라"는 계명의 진정한 의미는 '사람을 사랑하라'는 것이다.

성경은 또한 사랑하는 방법, 즉 살인하지 말라는 계명의 진정하고 온전한 의미를 따르는 방법을 이렇게 가르치고 있다: "사랑은 오래 참고 사랑은 온유하며 시기하지 아니하며 사랑은 자랑하지 아니하며 교만하지 아니하며 무례히 행하지 아니하며 자기의 유익을 구하지 아니하며 성내지 아니하며 악한 것을 생각하지 아니하며 불의를 기뻐하지 아니하며 진리와 함께 기뻐하고 모든 것을 참으며 모든 것을 믿으며 모든 것을 바라며 모든 것을 견디느니라"(고전13:4-6). 이 말씀 속에 우리가 "살인하지 말라"는 계명을 바로 지키는 방법이 다 들어 있다. 어떻게 해야 살인하지 말라는 계명을 잘 지킬 수 있게 된다는 것인가? 그것은 오래 참는 것이다. 오래 참을 줄 알아야 사람을 죽이지 않을 수 있다. 또 온유한 것이다. 온유한 사람은 사람을 죽일 수 없는 법이다.

또한 시기하지 않는 것이다. 시기심이 커지면 사람을 죽이게 되기 쉽다. 또한 자기의 유익을 구하지 않는 것이다. 남의 유익을 생각하지 않고 자기 유익만 구하려다 보면 상대방을 죽이거나 자기가 죽임을 당할 수 있다. 그리고 성내지 않는 것이다. 악한 것을 생각하지 않는 것이다. 악한 것을 생각하다 보면 살인까지 갈 수 있는 것이다.

또, 불의를 기뻐하지 않는 것이다. 불의를 좋아하는 사람은 살인의 가능성에 가장 가까이 가 있는 것이다. 진리와 함께 기뻐하는 것이다. 진리와 함께 하고 항상 진리에 가까이 서있으면 살인의 가능성으로부터 멀어지는 것이다.

이렇게 오래 참고 온유하며 시기하지 아니하며 자기만의 유익을 구하지 아니하며 악한 것을 생각하지 아니하며 불의를 기뻐하지 아니하며 진리와 함께 기뻐하고 모든 것을 참는 것, 한마디로 다시 말하면 사랑하는 것이 "살인하지 말라"는 계명을 바로 지키는 것이다.

4. 가정과 순결을 존중하는 정신

요즘 날이 갈수록 자유분방하게 성적 쾌락을 추구하는 사람들이 늘어나고 있다. 성윤리가 빠르게 변하고 있고 성윤리는 개인적인 문제이므로 다른 사람이 간섭할 문제가 아닌 것으로 여겨지고 있다. 그러나 이 개인의 자유가 가정을 파괴하고 그로 말미암아 사회문제가 발생할 때에는 그것을 다만 개인의 문제라고 할 수 없을 것이다. 간통은 결혼 당시의 서약을 깨는 일이다. 결혼은 다만 두 사람만의 서약이 아니라 두 가족 사이의 약속이기도 한 것이며 사회적 성격을 지니고 있는 것이다.

성경의 십계명 가운데에는 "간음하지 말라"는 계명이 있다. "간음하지 말라"는 부정적 형태로 주어진 이 계명도 더 긍정적으로 이해하고 더 적극적으로 지켜야 한다. 나 한 사람이 간음하는 죄를 범하지 않는 것도 물론 중요하지만 사회의 약한 자들로 하여금 간음을 하도록 유혹하거나 부추기거나 강요하는 모든 구조적 부패와 환경을 제거하고 추방하는 일에 힘쓰는 것이 "간음하지 말라"는 계명을 바로 지키는 일이라 할 수 있다. 그러기 위해서는 사회가 정당한 사회, 정직한 사회가 되도록 힘써야 한다. 실력이 실력대로 인정받는 사회가 되도록 해야 한다. 여성들이 자기 몸을 상납하지 않고 자기 실력만 가지고 정당하게 자기의 할 일을 찾을 수 없는 사회가 되게 내버려두어서는 안 된다는 말이다.

그리고 오늘날의 온갖 음란한 문화와 그 행태를 함께 따라가지 말아야 한다. 성경은 "음행과 온갖 더러운 것과 탐욕은 너희 중에서 그 이름조차도 부르지 말라"(엡5:3)고 말하고 있다. 음란한 문화가 일반화되면 입에 담기 부끄러운 말도 아무렇지도 않게 하게 된다. 음담패설이나 성희롱 같은 것을 자연스럽게 하는 것은 다 "음행과 온갖 더러운 것과 탐욕은 너희 중에서 그 이름조차도 부르지 말라"고 한 가르침에 어긋나는 것이다. 〈구약성경〉에서는 "네 딸을 더럽혀 창녀가 되게 하지 말라. 음행이 전국에 퍼져 죄악이 가득할까 하노라"(레19:29)고 했다. 음행은 강력한 중독성과 전염성을 가지고 있다는 것이다. 우리가 안이한 태도를 취하면 사회의 음란증은 무섭게 번져나가고 우리 자신도 쉽게 전염될 수 있는 것이다. 한번 둑이 무너지기 시작하면 걷잡을 수 없는 것이 성윤리이다. 그래서 성경에서는 "만일 어떤 형제라 일컫는 자가 음행하거든 사귀지도 말고 그런 자와는 함께 먹지도 말라"(고전5:11)고 말하고 있다. 오늘날 이 사회에 만연한 음란문화와 선정주의에 단호하게 대응해야 할 것이다.

성은 그 자체가 나쁜 것이 아니다. 성은 아름다운 것이다. 성은 부부 사이의 사랑과 신뢰를 깊게 해 주고, 부부 사이에서 마음껏 편하게 즐길 수 있는 것이다. 그러나 정당하게 영위되지 않는 성은 위험하고 무서운 것이다. 파괴적이고 온갖 고통과 불행과 후회와 파멸을 가져올 수 있는 것이다. 자기 자신뿐 아니라 남에게까지 연쇄적인 피해를 불러일으킬 수 있는 것이다. 그렇기 때문에 우리는 성윤리의 타락과 음란한 문화의 확

산을 막아야 한다. 그리고 그것을 막기 위하여 절제와 인내의
덕을 가르치고 키워야 한다.

5. 소유의 존중과 나눔의 정신

사람들 사이의 관계 속에는 물질적인 관계가 포함되어 있
다. 왜냐하면 사람에게는 누구에게나 유형,무형의 소유가 있
게 마련이기 때문이다. 그 소유관계에 혼란이 일어나면 크고
작은 분쟁이 발생하는 법이다. 그래서 예로부터 남의 소유물
을 도둑질하는 것은 아주 좋지 못한 행위로 여겨져 왔다. 도둑
질은 도둑맞는 사람에게서 단순히 재산만 훔치는 것이 아니라
그 재산을 이루기 위하여 흘린 땀과 피와 시간과 열정과 건강
까지도 다 빼앗는 것이다. 그 재산을 형성하면서 얻은 기쁨과
보람까지도 다 빼앗는 것이다. 또 힘들여서 형성한 그 재산을
가지고 뭔가 이루어보겠다고 하던 계획과 희망까지 박탈해 가
는 것이다.

도둑질의 형태는 여러 가지이다. 꼭 밤에 남의 집 담을 넘어
들어가서 재물을 가지고 나오는 것만이 도둑질이 아니다. 분실
물 가로채기, 사기, 횡령, 탈세 등도 물론 다 도둑질인 것이다.
공공건물의 전기, 수돗물, 가스를 아끼지 않고 펑펑 쓰는 것도

다 국민의 혈세를 도둑질하는 것이다. 방만한 운영을 하고 그러다가 빚더미에 올라앉은 정부출연 회사나 공공기관에서 책임자들 퇴진시키면서 어마어마한 퇴직금을 줘서 내보내는 일도 다 나랏돈 도둑질하고 국민의 재산을 도둑질하는 것이다. 공적자금을 멋대로 쏟아붓는 것도 도둑질이고, 뇌물을 안 주면 공무원들이 아무 일도 안 들어 주고 그래서 할 수 없이 뇌물 바치게 만드는 것도 다 도둑질이다. 힘세고 돈 잘 버는 사람에게는 세금 한 푼 안 걷고 힘없는 월급쟁이들에게만 원천징수 꼬박꼬박 하는 것도 도둑질이다. 근로자들이 8시간이면 충분히 해낼 수 있고 또 당연히 그렇게 해야 하는 일을 일부러 15시간 걸려 하며 초과근로수당을 챙기는 노동행태도 다 도둑질에 해당하는 것이다.

십계명에도 "도둑질하지 말라"는 계명이 있다. 성경은 각 개인의 정당한 소유권을 존중하고 있다. 그러나 소유권을 존중하는 성경의 정신은 자기 자신의 물질이나 재산에 관계되는 한 너무 지나치게 강조할 것은 또한 아니다. 개인적인 소유 개념이 지나치게 강하면 '언제 누가 내 것을 도둑질하지 않을까? 뜯어먹으려 하지 않을까? 빼앗으려 하지 않을까?' 하는 걱정에 시달리며 늘 불안한 삶을 살기 쉽다. 그러나 '소유란 있을 때 서로 나누어 쓰는 것'이라는 생각을 하면 얼마나 마음이 편

해지는지 모른다. 재산문제에 관한 한 남의 소유권은 엄격히
존중하되 내 소유권은 지나치게 강조하지 않는 것이 좋다. 중
요한 것은 우리 각자에게 주어진 것을 바르고 선하고 모두에게
유익하게 쓰는 것이다.

어떻게 쓰는 것을 말하는 것일까? 이웃을 사랑하는 마음으
로 물질을 대하는 것이다. 다른 계명들과 마찬가지로 "도둑질
하지 말라"는 계명도 더 긍정적이고 적극적인 뜻 또한 사랑에
서 찾아내야 하는 것이다.

재물에 관한 우리의 모든 생각과 행동은 사랑을 실현하는
표현이 되어야 한다. 도둑질하지 말라고 소리 지르며 도둑질한
사람은 엄벌에 처하는 것만이 "도둑질하지 말라"는 계명을 바
로 지키는 것이 아니다. 사랑 때문에 남의 재산에 손대지 않을
뿐 아니라, 내 것이지만 사랑 때문에 남과 나눔으로써 아무도
도둑질하지 않아도 될 환경을 만드는 노력이 진정 "도둑질하지
말라"는 계명을 바로 지키는 길인 것이다. 우리는 이 정신으로
너그럽고 다 함께 복되게 사는 세상을 만들어가야 할 것이다.

학자들 가운데 십계명의 "도둑질하지 말라"는 계명을 일반
적인 의미에서 남의 물건에 손대는 일을 금하는 계명이라기보
다 가장 악질적인 도둑질인 사람도둑질, 즉 납치를 금한 계명
이라고 주장하는 이도 있다. 납치는 살인과 간음에 이어서 사

형에 처해질 범죄행위라는 것이 《구약성경》의 규정이다. 반드시 자기의 생명으로 갚아야 될 만큼 아주 악하고 중한 범죄라는 것이다. 《구약성경》에 보면 "사람을 납치한 자가 그 사람을 팔았든지, 자기 수하에 두었든지 그를 반드시 죽일지니라"(출 21:16)라고 했고, "사람이 자기 형제 곧 이스라엘 자손 중 한 사람을 유인하여 종으로 삼거나 판 것이 발견되면 그 유인한 자를 죽일지니 이같이 하여 너희 중에서 악을 제할지니라"(신 24:7)라고 했다.

그런데 이렇게 악독하기 이를 데 없는 범죄인 이 납치사건이 우리 한국 사회에서는 너무나 자주 발생하는 것을 본다. 어린이를 납치해서 앵벌이 시키는 일이 얼마나 많은가? 여인들을 납치해서 매춘을 강요하는 일이 얼마나 많은가? 여자들을 납치해서 매춘을 강요하는 일에 동조하는 경관도 있고, 그 뒤를 봐주는 관계 공무원들도 있다. 이들은 다 살인자와 살인자에 준하는 범죄자들인 줄 알아야 할 것이다. 빚쟁이들도 빚 받아 내려고 채무자를 납치 감금하는 수가 종종 있는데, 개인적으로 갚을 빚이 있어서 그렇다고 말할 수 있겠지만 그래도 안 되는 것이다. 채권자라고 채무자를 납치하고 감금할 권리는 전혀 없다. 학생들이 툭하면 총장을 납치 감금하고 교수들도 잡아 가두고는 며칠씩 안 놔주곤 하는 일이나, 파업하는 근로자들이 걸핏하면 사장, 전무 등 잡아 가두는 일이나, 국회의원들이 국회의장을 감금하고 방에서 못 나가게 하며 의사당에서 사회도 못 보게 하는 것은 다 자유민주주의 사회의 정신을 짓밟는 일인 것이다.

납치는 첫째로 개인의 자유를 박탈하는 범죄행위이다.

납치는 둘째로 가족들로부터 부모나 형제자매나 자녀를 탈취함으로써 가정의 행복을 파괴하고 가정을 송두리째 파탄 내는 범죄행위이다. 오래 전 개구리 잡으러 나갔던 어린아이들이 갑자기 없어진 일이 있었다. 이른바 우리가 모두 알고 있는 개구리소년 실종사건이다. 그 부모들의 삶, 그 가족들의 삶은 어떻게 되었는가? 납치는 살인보다 더 악한 것이라고도 말할 수 있다. 왜냐하면 온 가족에게 일생 동안 고통과 불행을 안겨주며 가슴에 피멍과 원한이 맺히게 하는 것이기 때문이다. 차라리 죽었다 하면 그것으로 단념이라도 할 수 있겠지만, 납치되어 끝내 돌아오지 않으면 그 가족들은 일생 동안 피멍을 안고 살아야 된다. 자녀를 납치 당한 부모가 어찌 편한 마음으로 직장을 다닐 것인가? 직장도 관두고, 집도 팔고, 있는 것 다 정리해서는 아이 찾는 데 일생을 바치느라 가정이 다 파탄나고 말았다.

납치를 금하는 법의 보다 더 적극적 의미는 무엇일까? 그것은 '개인의 자유를 보장하라'는 것이다. 자유는 인간이 인간답게 살려는 생명과 같은 것이다. 옛날에 어떤 사람은 "자유가 아니면 죽음을 달라"고 했다. 자유의 가치를 아는 사람에게는 자유는 생명과도 바꿀 수 없는 것이다. 자유 없는 삶은 죽은 것이나 마찬가지이다. 인간이 인간답게 살 수 있는 생명과도 같은 것이 자유인데, 그 자유를 박탈하는 것이 바로 납치인 것이다.

그러므로 우리는 다른 사람의 자유로움을 방해하거나 제약하는 모든 행동을 삼가야 한다. 지하철 안에서 다리 꼬고 앉거나 다리 벌리고 두 사람이 앉을 자리 혼자 차지하고 있는 것, 차안에서 또는 공공장소에서 큰 소리로 떠들거나 휴대전화로 통화하면서 떠드는 것, 주차를 아무렇게나 하는 것 등 아주 간단한 행동들에서부터 다른 사람을 방해하지 않도록 조심해야 한다. 그렇게 남의 자유에 대한 존중이 없이 멋대로 행동하는 사람들이 심해지면 납치까지도 서슴지 않고 할 수 있는 것이다. 우리는 자유가 보장되는 사회를 만들려고 노력해야 한다. 남의 자유를 박탈하는 일이 생길 수 있는 환경이 만들어지지 않도록 힘써야 한다. 이러한 노력이 이루어질 때에 우리 사회는 살기 좋고 평화로운 사회가 될 것이다.

6. 진리와 정의를 지키는 정신

민주사회는 국민이 주인인 사회이다. 그런데 국민이 주인이 되려면 힘이 아니라 법과 정의와 진리가 승리하는 사회여야 한다. 그래서 정직한 국민이 행복하게 사는 사회이어야 참 민주사회라고 할 수 있다. 거짓말은 통하지 않고 거짓말하는 사람은 살아남을 수 없는 사회가 진정한 민주사회인 것이다. 정직한 사람은 손해만 보고 바보처럼 되는 사회는 병든 사회이며 민주사회라고 할 수 없다.

거짓말, 특히 남에 대한 거짓증언은 〈십계명〉에서도 금지하고 있다. "네 이웃에 대하여 거짓증언 하지 말라"는 제9계명이 그것이다. '거짓증언'이라고 하는 것은 원래 법정에서 근거 없는 증언을 하는 것을 가리키는 말이다. 그러나 성경 전체의 가르침은 이것을 더 넓게 일체의 악의적 거짓말과 속임수를 금하는 계명으로 이해하게 한다. 이 계명이 〈십계명〉의 거의 끝 부분에 있다고 해서 그 중요성이 덜 한 것이 절대로 아니다. 거짓증언은 어마어마한 폭력이요, 무서운 가해 행위가 될 수 있음을 알아야 한다. 그것은 개인적으로나 사회적으로 대단히 심각한 결과를 가져올 수 있는 것이다. 거짓증언은 애꿎은 사람의 명예를 손상시킬 수 있고, 타인의 재산에 엄청난 손실을 입힐 수 있으며, 무죄한 사람의 생명에 위해를 가할 수도 있는 것이다. 이 거짓증언 또는 거짓말은 불신사회를 조장하며 냉소주의를 고착시키고 국민의 도덕적 불감증을 심화시킨다. 그래서 거짓말은 어떤 때는 사회 전체를 악하게 만들어 단순히 한 사람의 생명을 빼앗는 것보다 더 심각한 결과를 초래할 수 있다는 사실을 우리가 잊어서는 안 된다.

"거짓증언 하지 말라"는 계명의 참뜻은 다만 법정에 나가서 거짓증언만 안하면 된다는 데 그치는 것이 아니다. 나아가 더 적극적으로 정의를 지키고 진리를 밝히며 우리 인간 사회에 법질서를 세우는 데 있다. 거짓말하지 말라는 것은 정의로운 사회, 진실한 사회를 만들어서 모든 사람이 편하게 복되게 살라는 것이다.

그러기 위해서는 우선 평소에 거짓말을 안하는 습성을 길러야 한다. 거짓말처럼 중독성 강하고 습관화하기 쉬운 것도 없다. 한두 번 거짓말하기 시작하고, 또 거짓말하고도 그것 때문에 별 일이 생기지 않으면 쉽게 거짓말을 되풀이하게 된다. 그래서 금방 습관이 된다. 거짓말은 한번 습관이 되면 별 의식이나 양심의 가책 없이 술술 잘하게 된다. 또 한 번의 거짓말은 그 한 번으로 끝나는 법이 없다. 거짓말을 감추기 위하여 또 거짓말을 하게 되어 있다. 작은 거짓말 버릇이 큰 거짓말 습관이 된다. 결국엔 아무 때나 조금 곤란한 상황이나 불리한 처지에 놓이게 되면 쉽게 거짓말이 튀어나오게 된다. 우선 거짓말부터 하고 보는 것이다. 평소에 진실만을 말하고 바른 말만 하는 훈련이 잘 되어 있어야 언제든지 바른 말이 나오지, 평소에 거짓말을 술술 하는 버릇 가진 사람은 여차하면 거짓말부터 튀어나오게 되어 있는 것이다. 그래서 평소에 아무리 작은 일이라도 거짓말 안하는 습관을 길러야 한다.

거짓증언을 하지 않기 위해서는 다른 사람에게 관심을 가지고 다른 사람을 존중하며 배려할 줄 아는 마음씨와 습관을 기르는 것이 무엇보다 중요하다. 거짓증언을 왜 하게 되는가? 이것은 남에 대한 무관심과 무시에서 오는 것이다. 자신의 거짓말 때문에 남이 어떻게 되더라도 상관하지 않는 사람은 거짓말 하는 것이 자기에게 편하다면 그냥 쉽게 거짓말해버리고 만다. 자기의 언행이 다른 사람에게 미칠 영향에 대한 고려가 전혀 없는 사람에게서 쉽게 나오는 것이 거짓증언인 것이다. 남을 조금이라도 생각할 줄 아는 마음이 평소에 있다면 쉽게 거짓증언을 할 수가 없는 것이다. 나의 말과 행동이 다른 사람에게 어떤 영향을 주고 어떤 피해를 입힐 수 있는 것인지를 늘 고려할 줄 아는 마음씨가 거짓증언을 원천적으로 막을 수 있는 길이다.

더 나아가서 그저 소극적으로 거짓증언 안하는 것으로 그쳐서는 안 된다. 필요할 때는 언제든지 주위의 불의와 거짓을 고발하고 진실을 밝히기 위해서는 증인이 될 용기도 발휘할 수 있어야 한다. 그리고 더 바람직한 것은 다른 사람이 거짓말을 할 필요가 없는 환경 만들기에 힘쓰는 것이다.

뇌물을 주고받는 일도 거짓증언과 통하는 것이라 할 수 있다. 왜냐하면 뇌물수수는 정당한 사람이나 정당한 일보다 부당한 사람이나 부당한 일에 손을 들어주는 거짓증언을 의도하는 것이기 때문이다. 그것은 사회를 망치고 나라를 망치고 국가안보의 위기를 초래하는 부당행위이다. 더 나은 사람이나 일 대신 더 못한 사람과 한편에 서게 하는 것이 뇌물수수인 것이다. 정직한 사람의 오랜 수고와 눈물을 수포로 돌아가게 하면서 무위도식하며 일확천금을 노리는 철면피들을 배부르게 해주는 일이 뇌물수수인 것이다. 착하고 성실한 사람들의 희망과 기쁨을 근원적으로 말살시키며 악한 자들의 탐욕만 키우는 것이 뇌물수수인 것이다.

뇌물수수는 단순히 부정한 방법으로 축재하는 데 그치는 것이 아니다. 우리 사회에서 진리와 정의의 싹을 근본적으로 잘라버리는 것이 뇌물수수이다. 이렇게 뇌물수수는 당사자 개인뿐 아니라 나라 전체를 병들게 하는 것이다. 그러니까 주지도 말고 받지도 말아야 하는 것이 뇌물이다. 성경에서는 "너는 뇌물을 받지 말라. 뇌물은 밝은 자의 눈을 어둡게 하고 의로운 자의 말을 굽게 하느니라"(출23:8)고 말하기도 하고, "너는 재판을 굽게 하지 말며 사람을 외모로 보지 말며 또 뇌물을 받지 말라. 뇌물은 지혜자의 눈을 어둡게 하고 의인의 말을 굽게 하느니라"(신16:19)고 말하기도 한다.

뇌물뿐 아니라 정실인사, 편파수사, 지방색 등도 결국은 다 거짓증언의 범주에 속한다. 왜냐하면 더 유능하고 더 정직하고 더 바른 사람인데 어느 지방 사람이니까 제쳐놓고, 능력이 부족해도 나와 같은 지방 사람이니까, "이 사람이 이 자리에 더 합당한 사람입니다" 하고 좋은 자리에 갖다 앉히는 것이야말로 거짓증언이 아니고 무엇이겠는가?

이 세상은 너무나 거짓으로 가득 찬 세상이다. 무엇이 진실인지를 알기가 너무나 힘든 세상이다. 이 거짓된 세상에서 승리하고 이 세상을 이기기 위해서는 우리는 더 진실해져야 한다. 진리와 정의가 승리하는 사회가 되기 위해서는 거짓이 거짓으로 밝혀져 드러나는 것이 중요하다. 그러기 위해서는 우리가 더 진실해져야 한다. 흰색이 많아야 검은색이 검은색으로 드러나는 것이다. 그리고 흰색이 정말 희어야 검은색이 확실히 드러나지, 흰색이 흰색이 아니라 회색이 되어버리면 그 만큼 거기 섞여 있는 검은색이 검은색으로 잘 보이지 않는 것이다.

마찬가지로 우리가 진실하지 않으면 세상의 거짓됨이 드러나지 않을 것이다. 이 세상의 거짓을 드러나게 하기 위해서 우리는 더욱 진실해야 하고, 진실한 사람들이 많아져야 한다. 그러면 거짓들이 처음에는 저항하다가 견디지 못하고 조금씩 조금씩 사라지게 될 것이다.

그렇기 때문에 성실한 노력과 진정한 실력이 인정받고 그 진가를 발휘할 수 있는 환경을 만들어야 하는 것이다. 그렇지 않으면 정당한 방법으로 살다가 몇 번 좌절을 겪은 사람들이 거짓말과 부정한 방법을 통해서라도 일단 목적달성을 하고 봐야겠다는 유혹을 받는 것은 당연한 일이다. 모두에게 균등한 기회를 제공하는 사회가 되게 해야 한다. 정직한 사람이 존경받거나 적어도 제대로 대접 받으며 왕따 당하지 않고 바보 취급받지 않는 세상을 만드는 일에 다 같이 힘써야 한다.

"거짓증언 하지 말라"는 계명도 그 진정한 완성은 사랑으로써 이루어지는 것이다. 우리가 하는 모든 말은 사랑의 동기에서 우러나와야 하며 때로는 사랑 때문에 침묵을 지켜야 한다. 사랑 위에서 진실한 언어 행동으로 우리 사회를 밝은 사회로 만들어가야 한다.

7. 탐욕을 버리고 자족하는 정신

　　민주사회의 기본은 다른 사람을 인정하고 존중하는 정신이
다. 다른 사람과 바른 관계를 지키는 것이다. 그런데 다른 사람
과 바른 관계를 지키려면 나 자신을 다스릴 줄 알아야 한다. 나
자신을 다스리는데 가장 중요한 것은 탐욕을 버리고 자족할 줄
아는 일이다. 그래서 십계명에서도 "네 이웃의 집을 탐내지 말
라"고 했다. 이 마지막 계명이 금하는 것은 겉으로 드러난 어떤
행동이 아니라 마음과 생각 속에 들어있는 탐욕이다. 탐욕이란
남의 소유를 탐하는 것이며 분수에 넘치는 것들을 부당한 방법
으로 갖고자 하는 모든 욕심을 말한다.

　　성경에서는 이렇게 말하고 있다. "너희 중에 싸움이 어디로
부터, 다툼이 어디로부터 나느냐? 너희 지체 중에서 싸우는 정
욕으로부터 나는 것이 아니냐? 너희는 욕심을 내어도 얻지 못
하여 살인하며 시기하여도 능히 취하지 못하므로 다투고 싸운
다"(약4:1-2)고. 욕심을 내도 얻지 못하면 남의 물건을 도둑질
해서라도 얻으려고 하게 되고, 거짓증언을 해서라도 얻으려 하
게 되며, 결국은 살인을 해서라도 얻으려 하는 데까지 나아갈
수 있는 것이다. 그러므로 자족할 줄 모르고 탐욕을 버리지 않
으면 온갖 범죄를 다 저지를 가능성을 안고 있는 것이다.

　　탐심은 자기 한 사람만 병들고 망하게 하는 것이 아니라 집안을 망하게 한다. 예를 들면 도박에 빠져 패가망신한 이야기는 우리 주변에 너무 흔한 이야기이다. 도박이 무엇인가? 요행수로 또는 여차하면 속임수를 써서 남의 돈을 따먹겠다는 것 아닌가? 바로 탐심에서 오는 것이다. 사람이 돈독이 오르면 가족관계를 풍지박산 내버리는 일은 어려운 일이 아니다. 이렇게 탐심은 집안을 망하게 만든다. 돈 때문에 형제간에 물고 뜯고 일평생 원수가 되어서 지내는 경우가 많다. 복권을 타기 전에는 절친했던 친구들, 한 사람이 복권 타면 다같이 나눠가지자고 각서까지 썼던 사람들이 막상 그 가운데 한 사람이 당첨되니까 소송까지 벌이며 싸우게 된 일이 얼마 전에 일어난 것을 모두들 기억할 것이다. 탐욕이 그렇게 만드는 것이다. 이렇게 무서운 것이 탐심인 것이다. 성경은 "욕심이 잉태한즉 죄를 낳고 죄가 장성한즉 사망을 낳느니라"(약1:15)고 가르치고 있다. 욕심을 품으면 시험에 들게 되고 온갖 번뇌와 불행의 씨를 잉태하게 되는 것이다.

　　남의 물질적 재산뿐 아니라 남의 권력이나 명예나 학문적 성과에 대한 질시와 탐심도 버려야 한다. 돈 욕심뿐 아니라 명예욕이나 권력욕도 많은 문제와 범죄를 불러올 수 있음을 알아야 한다.

　지금까지 우리는 어른 공경의 정신, 생명존중과 사랑의 정신, 가정과 순결을 존중하는 정신, 소유의 존중과 나눔의 정신, 진리와 정의를 지키는 정신, 탐욕을 버리고 자족하는 정신을 우리의 인간관계를 바로 하기 위한 기본 정신으로 열거해보았다. 우리 모두 이 정신을 지키며 젊은 세대에게 잘 가르친다면 이 사회는 참으로 건강한 사회, 살기 좋은 사회, 진정한 자유민주주의 사회가 될 것이다.

이수영 _ 서울대학교 문리과대학 철학과를 졸업하고 같은 대학 같은 과에서 문학석사를, 장로회 신학대학교 신학대학원에서 신학석사, 프랑스 스트라스부르 대학교에서 신학박사를 취득했다. 1984년부터 16년 동안 장로회신학대학교 조직신학 교수로 봉직했다. 저서로는 《깔뱅, 교회를 말하다》, 《깔뱅, 소망을 말하다》, 《깔뱅, 신앙을 말하다》, 《예수는 우리의 구원자》, 《진리는 승리하는가》, 《무엇을 바라고 믿는가》, 《우리의 치유자 예수》, 《십계명을 쉽게 이해하기 위한 서른 가지 단상》 등이 있다. 현재 새문안교회 담임목사로 사역하고 있으며, 세계칼빈학회 중앙위원회 종신위원이며 아시아칼빈학회 회장직과 한국칼빈학회 회장직을 맡고 있다.

21세기 한반도 주변환경과 인격교육 – 기초 인격의 형성과 발달

박 성 수 명지고등학교 교장

1. 갈림길에 선 우리나라

우리나라는 새로운 희망과 비전으로 활기차게 움직이던 20세기 후반기의 역동적 발전이 멈추거나 후퇴하게 되는 것이 아닌가 하는 불안감이 우리 사회 전반에 내려 깔리기 시작하는 것 같다. 전쟁, 가난, 질병, 무지로 요약할 수 있었던, 1950년대까지의 우리나라는 경제적으로 암흑의 시기에 있었다. 1945년 해방 이후 국민들은 무지를 극복하기 위하여 부지런히 교육을 받았고, 질병의 퇴치와 건강의 증진을 위해 남다른 노력을 기울여 왔다. 부지런히 일하여 경제를 일으켜 세웠고 목숨을 바쳐 나라를 지키며 평화와 건설을 위한 노력에도 적극적이었다.

20세기 말 우리나라는 정치적으로 민주화를 달성하고 경제적으로 1만 달러 시대에 진입하였으며 문맹률이나 대학 취학률이 선진국 수준에 도달하였다.

중국이나 일본, 인도나 태국과 같은 나라만이 아니라 아시아의 여러 나라들은 우리나라를 모범적 발전국가로 생각하면서 많은 것을 배워가기를 바라고 있었다. 열심히 공부하고 일하고 돈을 벌어들이는 과정에서 우리나라는 상당히 큰 성공을 거두었다고 하겠다. 과학기술을 개발하고 기술을 근간으로 하는 경제의 고속 발전에도 성공을 거두었다.

그러나 우리나라를 둘러싸고 있는 러시아, 중국, 일본, 미국 그리고 세계 주요 국가간 역사적 관계의 전체적 맥락을 파악하고 미래 세계를 설계하고 지속적 발전을 추구하여 세계 주요국가들과 국가비교적 관점에서 우위를 차지할 수 있는 구상과 계획의 수립에는 별다른 노력을 기울이지 못하였다. 중국은 21세기 중반이면 미국을 제치고 세계 최강국이 되려는 비전 속에서 국가를 움직여 나가고 있다. 일본은 20세기가 끝나기 이전 미국을 제치고 세계 최강의 경제 대국을 건설하려는 계획을 세우고 있었다. 러시아의 지도자들은 앞으로 1천 년 동안 세계사가 어떻게 전개될 것인가를 논의하면서 소련의 붕괴를 맞이하였다.

그러나 우리나라는 2100년까지 정치, 경제, 사회, 문화가 어떻게 발전해 나아갈지 구체적 구상과 계획을 마련한 것이 아직도 없는 것 같다. 오이디푸스 콤플렉스의 어두운 그늘에서 친부를 살해하는 심리적 광포에 빠져 독기를 내뿜으며 갈등과 환상에서 개혁과 혁명을 혼동하며 갈 길을 찾아 나가지 못하고 있다. 무엇보다도 교육은 길을 잃고 수렁에 빠져있다.

2. 인격과 인격자

　해방이후 오늘에 이르기까지 우리나라 대통령들은 쫓겨나거나 암살되든가, 아니면 임기를 마치고 투옥되는 경우가 어느 나라보다 많았으며 대부분의 퇴임 대통령은 국민의 존경을 받기보다 증오와 비난의 대상이 되곤 하였다. 경제계의 경우도 재벌이나 회사의 소유주들은 비난과 공격의 대상이 되고 존경과 사랑을 널리 받는 경우는 거의 없었다. 문화계의 지도자들도 적지 않은 경우 존경보다는 비난의 대상이 되었다. 심지어 학교나 종교 관련 지도자들도 비슷한 경우가 많았다. 어느 분야도 국민의 존경과 사랑을 아낌없이 받는 경우가 드문 것이 현실이다.

　이러한 사회 전체의 분위기를 반영하듯 요즈음 우리사회는 인격자라고 하는 표현이 칭찬이나 존경을 나타내는 것인지, 아니면 무능하고 경직된 사람을 가리키는 것인지 구별하기 힘들게 되었다. 인격자라고 하면 도덕적으로 완고하고 독선적이고 배타적인 사람을 가리키는 경우도 없지 않게 된 것이다.

　전통적으로 우리나라 가정이나 학교에서는 '먼저 사람이 되라'는 말처럼 사람다운 인격을 갖춘 사람이 되어야, 그것을 바탕으로 다른 무엇이고 더 할 수 있다는 믿음을 가지고 있었다.

인격자라고 하면 경제적으로 빈곤하고 학교교육이 극히 부족한 경우라도 존경하고 본받을 사람이라고 믿으며 살아왔다. 인격 즉 사람으로서의 품격이 그 사람의 경제적 능력이나 사업적 수완보다 더 중요한 것으로 보았다. 상황이 변하고 세월이 지나도 어김없이 지키고 가꾸어가며 소중하게 키워가는 통합된 자아 즉 인격이야말로 하늘의 별처럼 찬란하게 빛나는 것이라고 믿으며 살아왔다. 도덕적 행위의 주체로서 선·악의 분별을 분명하게 하고 선행의 습관을 기르며, 진리를 사랑하면서 학문을 추구하며, 예술세계를 가꾸어가고, 종교적으로 거룩한 신앙세계를 추구하는 것이 경제적 부나 정치적 권력을 획득하는 것보다 더 소중한 인간의 삶이란 사실을 생활 속에 실천하며 살아왔다.

그러나 동방예의지국이라고 하던 우리나라는 개인의 예의와 도덕성에서 이웃 나라는 물론 세계 어느 나라와 비교하여도 앞서 있다고 말하기는 어렵게 되어 있다. 우리나라의 정치, 경제, 사회, 문화 등 각 분야의 문제나 위기를 깊게 분석하면 사람의 문제에 직면하게 되고 그 핵심에 인격과 인격자에 대한 우리 사회의 병리를 직시하게 된다.

3. 인격의 발달과 교육

성격이나 지능 같은 인간의 특성이 대부분 타고난 것이라고 보는 견해가 지배적이다. 하지만 지능, 성격, 외모 등이 유전인 자에 따라서만 지배되는 것은 결코 아니다. 사람들이 말하는 타고난 성격이란 대부분 후천적으로 형성되고 습득한 것이다. 유전이라고 보일 정도로 태어나는 순간부터 또는 잉태되는 시점부터 생명의 성장과정에서 이루어지는 수많은 변화의 소용돌이 속에도 여러 가지 의외의 사건들이 성격에 영향을 미치고 있는 것이다.

인격의 개념을 성격과 도덕성을 포괄하는 것으로 규정하면, 인격에 미친 환경과 교육의 영향은 지능이나 학력의 경우보다 훨씬 더 크다고 하겠다. 인격이 자기자신, 가족과 일가들, 학교와 또래들, 직장과 동료들, 나라와 국민들, 세계와 인류 등의 인간관계 속에서 드러나고 또한 놀이나 공부, 일이나 취미활동 등의 활동하는 과정에서도 드러나기 쉽다. 인간관계나 생활 속의 활동이 반드시 인격을 가늠하는 지표가 되는 것은 아니다. 그럼에도 인격은 사람의 관계나 일상적 활동 속에서 잘 드러나고 있다.

인격은 신체적 · 정서적 · 인지적 특성과 같은 개인 내부의 움직임에서도 표현될 수 있으나 가정, 학교, 직장, 교회, 지역 사회 등의 일상생활 속에서 구체적으로 드러난다. 우리나라, 동북아시아, 아시아, 세계, 우주 등과의 관계에서는 또 다른 인격의 측면이 드러날 수도 있다. 인생관, 교육관, 직업관, 세계관, 우주관에도 인격이 잘 내포되어 있다.

그러나 한 사람의 인격이 가장 극명하게 드러나는 것은 자아, 가정, 학교, 직장, 마을, 교회 등 기초생활 단위의 공동체를 보살피는 일상적 행동이라고 할 수 있다. 조금 더 나아가 나라와 역사, 세계와 인류를 따뜻하고 정성스럽게 보듬는 일상적인 활동에서 더 잘 나타난다.

인격의 발달은 의도적이고 계획적인 교육에 따라서 이루어지는 비율보다 일상적이고 비의도적인 생활경험 속에서 이루어지는 것이 훨씬 더 크다. 학교교육보다는 일상생활 그 자체가 더 큰 영향을 주고 무엇보다도 가정교육이 아주 큰 비중을 차지하게 된다. 또한 인격의 교육은 통합적이고 초월적으로 이루어지는 경향이 있기 때문에 학교교육이나 사회교육에서는 다루어가기가 결코 쉽지 않다. 또는 높은 이혼율 등으로 가정이 점점 무너져가는 시대에 인격의 교육은 점점 더 어려워지고 있다.

4. 능력 배양으로서의 인격교육

　현대 세계는 경제적 능력을 최고의 가치로 여기는 추세이다. 도덕적 능력이나 지적 능력은 그것이 경제적 재화를 획득하는 것과 어느 정도 관련 있느냐에 따라서 평가를 달리 하기도 한다. 교육 심지어 종교적 신앙도 경제생활과 관련된 맥락에서 그 가치가 규정되는 경향이 있다.

　인격의 경우는 어떠한가?

　범죄와 정신질환 같은 문제는 그것의 대가로 지불하는 사회적 재화의 투입 때문에 문제시하는 경우가 자주 있다. 한편 도덕적으로 높은 가치를 실천하고 종교적으로 거룩한 개인생활을 하는 것은 경제적 산출과 직접 관련되어 있지 않다고 보는 경향이 있다. 그런 시각에서 보면 인격은 경제적 능력과 아무 관계가 없는 사생활에 속하는 개인문제라고 치부해 둘 수도 있을 것이다.

　소설이나 드라마의 전개는 주인공의 인격 즉 캐릭터에 따라서 달라진다. 만화나 영화의 이야기 전개나 다이나믹은 주인공들의 캐릭터가 빚어내는 삶의 모습이다. 하나의 소설이 얼마나 재미있느냐는 등장하는 주인공의 캐릭터와 환경적 조건이 상호작용하며 만들어지는 현상과 사건에 달려있다. 인간의 운명을 좌우하는 것은 대단히 복잡한 요소들로 구성된다.

변화무쌍한 환경도 대단히 큰 역할을 한다. 하지만 캐릭터는 환경을 뛰어넘는 특이한 연출을 만들어내는 최대의 변수이다. 그렇기 때문에 한 인간의 운명을 결정하는 것은 환경이라기보다는 인격이라고 할 수 있다. 경제적 능력만이 아니라 정치적 능력, 문화적 능력, 사회적 능력을 결정하는 가장 큰 요소가 바로 인격이다.

한 사람의 개인이 얼마나 행복하게 사는가 또는 불행하게 사는가는 환경의 작용도 있지만 인격이 더 큰 작용을 하는 것이다. 실패와 성공을 결정하는 가장 중요한 요소는 역시 인격이다.

단기적으로 또는 순간 상황으로 보면 인격적으로 훌륭한 사람은 손해를 보고 도덕이나 신앙 같은 것과 관련 없는 실리적인 사람이 큰 유익을 챙기고 있다. 인격적으로 훌륭한 사람은 일시적으로 또는 이해관계를 극심하게 따지는 상황에서 손해를 보는 것 같다. 그러나 이와 달리 장기적으로 보면 인격이 높을수록 성공과 행복을 누릴 확률이 훨씬 더 높다. 1센트에는 약고, 1달러에는 어리석은 사람이 비인격자라고 하면 1센트에는 어리석고, 1달러에는 지혜로운 사람이 인격자라고 할 수 있다. 따라서 실질적으로 인격의 교육은 최고의 경제교육이라고 할 수 있다.

5. 21세기 한국인과 세계 주요 국가의 관계

　세계 최대 인구를 가진 중국에서 한류韓流의 물결이 일고 있다. 인구 10억의 인도에서도 한국의 바람이 불기 시작하고 있다. 아시아 최강의 경제대국 일본에서도 한류는 거센 파도처럼 일고 있다. 스포츠나 문화에서만이 아니다. 생활 속 깊이 여러 나라에 한국의 조류가 밀려들고 있다.

　전쟁 한 번 없이 국가를 일본에 넘겨주었던 우리의 선조들, 한반도 통일을 가로막고 분단을 계속 남기게 한 강대국에 말 한마디 제대로 못하고 있는 국가의 지도자들, 올림픽에 나가 억울한 일을 당해도 항의 한마디 제대로 할 줄 모르는 각계의 지도자들, …… 이러한 것들이 한류라는 물결과 오버랩 되는 것이 바로 오늘날 우리나라의 한 단면이라고 하겠다.

　군자君子를 이상적 인간으로 여기던 조선시대의 교육은 현대에 오면서 새로운 인간상을 만들어내는 일에 실패한 것이 우리 교육이다. 몽고와 러시아, 중국과 일본의 틈바구니에서 억세게도 고생하던 우리나라가 이제 조금 '부富'를 이루어 동남아시아의 부러움을 사고 있다. 그럼에도 한국의 경제 발전을 부러워하기는 하나 한국인의 인격이나 도덕성에는 고개를 갸우뚱 하는 외국인이 의외로 많이 있다.

이제 우리나라가 문화와 교육, 과학과 기술, 경제와 정치를 계속 발전시켜 약소국에서 탈출하여 강소국强小國으로 나아가 부강국富强國 내지 강대국强大國으로 꾸준하게 발돋움해 가려면 세계 여러 나라 사람들로부터 존경과 사랑을 받는 일이 선행돼야 할 것 같다. 그렇게 되려면 옛날의 군자상君子像을 되찾는 것만으로는 역부족이다. 쉽게 국제신사나 국제숙녀의 상을 생각할 수도 있으나 영국의 경우처럼 신사상 또는 숙녀상만으로 세계의 존경과 사랑을 한 몸에 받기는 어려울 것이다.

한국인은 아라비아 사막에서 건설의 기적을 이루어낸 바 있다. 전쟁과 죽음이 있는 싸움터에 목숨을 걸고 가서 사랑과 구원의 메시지를 전하고 있는 사람은 한국인이다. 맡은 일을 목숨을 걸고 열심히 해내는 수많은 젊은이들이 있는 나라가 한국이다. 새로운 한국인의 상은 21세기 한국인이 세계에서 무엇을 어떻게 해내는가에 달려 있다. 그 상이 무엇이건 우리는 세계 많은 나라 많은 국민의 사랑을 받는 인격자로서 한국인상을 만들어내야 한다.

6. 21세기 한국인의 윤리 : 수월성과 통합적 인격

앞에서 우리나라가 직면하고 있는 세계의 도전이 국제세계라는 맥락에서 과거와 다른 인간상을 요구하고 있음을 살폈다. 세계인의 사랑과 존경을 받는 격조 높은 품성을 개발하는 것이 우리 사회의 새로운 과제가 되고 있다 하겠다. 단순하게 격조 있는 사람이 되는 것을 넘어서 새로운 인격이 요구되는 또 다른 역사적 상황이 전개되고 있는 것이다.

20세기 말에 가까이 오면서 한국 사회는 과거와 전혀 다른 새로운 발달의 단계로 점점 더 진입하게 되었다. 과거에는 선조나 선진 외국에서 배우고 익혀서 그것으로 충분하게 살아갈 수 있었다. 그러나 1980년대부터 우리나라는 몇몇 분야에서 아직 외국에도 없는 새로운 기술을 연구, 개발하여 제품을 판매하는 단계로 발전되기 시작하여 오늘에 이르고 있다. 주로 반도체 분야에서 출발하였던 새 기술은 점진적으로 확대돼 갔다. 21세기 초 우리나라 경제는 신기술 중심의 해외 관계가 큰 줄기를 형성하고 있다.

새 것을 연구하고 창조해내는 것은 과학기술을 넘어서 문화와 스포츠의 분야에도 퍼지기 시작하였다. 새로운 기술, 새로운 제도, 새로운 사상과 같이 새 것을 만들어내는 것은 새 것만으로 의미가 있는 것이 아니라 국제시장에서 고부가가치를 창출하는 경제적 특성을 가지고 있는 것이어야 하는 시대가 되었다.

이렇게 선진 외국의 최고 권위자들도 할 수 없는 새로운 것을 창조하는 것은 번뜩이는 생각만으로 이루어질 수 없다. 생각을 구체적으로 현실세계에서 제품이나 서비스로 개발하고 판매하는 체계적이고 통합적 능력이 있을 때 가능한 일이다.

역사적으로나 세계적으로 탁월한 것을 창안하는 수월성(excellence)은 특이한 천재성만으로 이루어지는 것이 아니라 세계와 역사를 꿰뚫어보는 안목을 바탕으로 이루어진다. 우리나라는 이 수월성을 추구하는 교육을 하고 수월성이 중심이 되는 경제 구조를 만들어가야만 하는 단계에 진입해 있음에도 불구하고, 우리나라의 학교나 가정은 수월성의 추구라는 시대적 요청을 아직도 충분히 의식하지 못하고 있다. 국가 지도자들조차도 그러하다.

7. 한국인의 인격교육 : 22세기를 준비하자

20세기 말 몇몇 외국의 미래학자는 21세기 중반쯤이면 한국이 세계 2위의 강국이 될 수 있을 것이라는 전망을 내놓았다. 한국인의 높은 교육열과 남북 통일의 의지로 보았을 때 그러한 예측이 가능하다고 하였다. 우리나라가 21세기 말까지 그리고 22세기 이후에 경제적으로 세계에서 메달권에 진입하고 그 자리를 지키려면 남달리 수월성의 추구를 성공적으로 이루어내야 할 것이다.

수월성을 추구하는 것이 교육이라고 하면 그것은 소수의 엘리트만에 치중한 교육이 아닌가 생각하고 부정적 시각에서 평가하는 경우가 상당히 많이 있다.

실천 면에서 볼 때 수월성의 교육은 개인의 잠재 능력을 발견하고 그것을 드러나게 하고, 점진적으로 발달시켜 마침내 개인이 도달할 수 있는 최고의 지점까지 이르게 하는 것이다. 이렇게 개인의 소질과 적성을 발견하고, 훈련하고 개발하여 가능성의 최고 지점에 이르게 하는 것에 수월성 교육의 뜻이 있다. 개인의 잠재 능력 개발이라는 차원에서 보면 수월성의 교육은 바로 교육의 본질을 추구하는 것이다. 이는 누구도 부인하기 어려운 교육의 본래 모습이라고 할 수 있다.

그러한 개인의 적성과 소질의 개발이 세계적 수월성에 이르게 된다는 평범한 사실을 우리들은 마라톤 왕 손기정, 악성 베토벤, 발명왕 에디슨의 일대기에서도 쉽게 볼 수 있다. 개인의 자아실현을 도모하는 교육을 체계적으로 지속할 때 수월성의 성취는 자연스럽게 이루어지게 된다고 하겠다.

수월성의 추구는 개인의 자아실현 과정에서 자연스럽게 이루어질 수 있으나 우리나라 학교나 가정의 교육은 아직 집단적이고 획일적으로 이루어지고 있기 때문에 시대가 요구하는 교육을 제대로 하지 못하고 있다. 같은 학교 같은 학년 동일 학급 안에서도 다양한 개성을 존중하고 개발하는 교육을 하기 위해서 교과지도와 생활지도의 새로운 체제가 필요하다. 이제 가정과 사회의 교육도 새로운 체제를 갖추어야 한다.

만약 우리나라가 21세기가 요구하는 새로운 교육체제를 갖추지 못하게 된다면 한국은 세계 메달권에 진입하는 부강국의 꿈을 포기하고 약소국이나 최빈국의 대열로 다시 후진할 수도 있을 것이다. 개인차를 존중하면서 세계의 동향과 역사의 흐름을 통합적으로 반영하는 인격의 배양과 자질의 수월성에 이르는 교육을 할 때 우리나라에는 밝은 희망과 미래가 있게 된다.

8. 먼저 '그의 나라'를 구하라

전통 사회에서 개인의 윤리적 행위에 치우친 인격교육이, 21세기에는 생활공동체인 가정 · 학교 · 직장 · 마을 · 교회 등을 중심으로 하는 공동체적 가치관은 물론 역사 · 세계 · 우주를 따뜻한 사랑으로 돌보는 공동체적 인격체로서의 인간교육으로 전환되어야 할 시점에 와 있다. 기초생활의 공동체는 물론 나라와 민족, 세계와 인류, 우주와 만유를 깊고 넓게 사랑하는 능력의 배양과 함께 개성을 신장하고 타고난 잠재력을 개발하여 수월성을 추구하는 새로운 인격의 개념과 새로운 교육의 체제를 갖추어야 할 역사적 전환기에 와 있다.

흔히 말하는 사랑의 능력지수(LQ=Love Quotient)를 높이는 인격교육이 역사의 도전에 지혜롭게 대응하는 시대로 접어든 것이다. 전쟁 한 번 못하고 국가를 넘겨주고도 그것을 몇 사람의 매국노의 죄악으로 치부하고 넘어가는 개인적 인격교육과 가치관은 이제 그것이 국가의 경쟁력을 약화시키고 국제적 영향력을 떨어뜨린 나약한 인간상을 조성하는 것임을 분명하게 해둘 때가 되었다. 전통사회의 윤리 그 자체가 도리어 국가 전체의 도덕적 능력을 떨어뜨리는 더 큰 원인이 되고 있다. 현대 세계가 우리에게 요구하는 새로운 인간관, 새로운 인격교육관으로 변화되어야 할 것이다. 나아가 '사람을 하느님처럼 사랑하는'〔事人如天〕 인격과, 후대의 교육을 '하나님을 가르치는 것처럼 하는'〔敎人如天〕 인격이 우리 사회 모든 사람에게 필요한 시대가 되었다.

'먼저 그의 나라와 의를 구하라'고 하는 성경의 진리대로 사람을 하늘처럼 섬기고 사랑하여 인간에게 내재된 하늘의 힘과 하늘의 능력이 충분히 드러나고 개발되는 교육의 시스템을 이제부터 만들어 나가야 할 것이다.

새로운 것은 언제나 옛 것을 소중하게 보존하고 가꾸어 갈 때에 가능한 것이다. 22세기를 준비하는 우리나라 인격교육은

'예禮'의 모범국가이었던 우리나라의 전통적 인격교육과 세계 최첨단 기술과 사상을 창조하는 최고의 '지知'의 교육이, 하나의 인간 속에서 조화롭게 통합될 때 제 궤도에 오르게 될 것이다.

22세기 세계 3대부강국에 속하는 나라를 이루어 내려면 오이디푸스 콤플렉스에 묶여 있는 혁명사상이나 개혁사상을 넘어서 지적 탁월성과 윤리적 세계관을 지닌 최고 수준의 통합적 인격교육 체제를 마련하는 것 이외에 다른 길이 없다고 하겠다. 한반도 주변과 세계를 둘러보면 22세기를 대비하는 인격교육은 인격과 지성의 교육이 기본부터 살피는 교육의 본질로 되돌아가고 있다. 그러기 위해서 우리 모두는 이제부터 개척의 길을 떠나야 하는 것이 아닐까?

박성수 _ 서울대학교 사범대학과 대학원(문학석사)을 졸업하고 미국 웨스턴 미시간 대학교에서 카운슬링 전공(교육학 박사학위 취득) 한국행동과학연구소 연구원과 상담실장을 지낸 뒤 서울대학교 사범대학 교육학과 교수와 전주대학교 총장을 했고, '청소년 대화의 광장' 창립을 주도하고, 한국청소년상담원 초대 원장을 지냈다. 한국상담교육연구회 회장, 한국 카운슬링 협회 회장, 아태 카운슬링 협회(APECA) 회장도 지냈다. 저서로는 《카운슬링의 원리》,《생활지도》,《한국교육문제론》 등이 있다. 현재 명지고등학교 교장과 명지대학교 교육대학원 교수이며, 우리나라의 전통과 문화적 특성에 맞고 22세기를 대비하는 우리나라 고유의 교육 설계에 몰두하고 있다.

사랑이 있는 가정

주 수 일 사랑의 집 이사장

1. 사랑과 가정

(1) 가정의 중요성

가정의 중요성은 아무리 강조해도 지나치지 않는다. 우리나라의 옛 교훈에도 "가화만사성"이란 말이 있고 "수신제가후에 치국평천하"하라는 말이 있다.

이 말은 집안이 잘 돼야 만사가 잘 된다는 말이고 그렇기 때문에 대외적으로 아무리 큰 뜻을 가졌다 하더라도 집안일을 잘한 다음 외부의 일을 도모하라는 말이다. 그런데 세상 사람들은 가정을 그렇게 소중하게 여기며 살고 있지 않는 것 같다. 사람들에게 가정이 중요하냐고 물어보면 누구나 다 그렇다고 말들은 한다.

그러나 관심과 돈과 시간을 투자하는 우선순위 면에서는 전혀 그렇지가 않다.

우리는 이제 가정을 중요하게 여기고 거기에 합당한 관심과 노력을 더 많이 투자해야 한다.

사람들은 성장하면서 초등학교 6년, 대학교까지 합치면 16년이라는 많은 세월 동안 교육을 받는다. 그러나 이것은 대부분이 상급학교 진학이나 직장을 얻기 위한 지식교육이지 가정생활을 위한 교육이 아니다.

이 지식교육은 직장과 지위는 보장해 줄지 모르지만 행복을 보장해 주지는 못하고 있다. 그래서 진짜 행복을 위한 교육을 별도로 받아야 한다.

그것은 부부관계란 어떻게 해야 되고, 자녀교육은 어떻게 하고, 부모는 어떻게 모시고 형제들과는 어떻게 지내야 하는가? 하는 것에 대하여 배우는 것이다.

그런데 지금까지 우리들은 학교의 지식교육에 대해서는 그렇게 많은 투자를 하면서 지혜교육에 대해서는 투자가 너무 인색했던 것이 사실이다. 가정생활을 위한 책 몇 권도 읽지 않고 가정생활에 대한 강의도 듣지 않았다.

그러면 결혼생활은 어떻게 해 나가는가? 그것은 어릴 때부터 부모님이나 집안 어른, 혹은 선배들이 사는 것들을 보면서 어깨 너머로 배운 것을 바탕으로 해 나가고 있다. 이렇게 어깨 너머로 적당히 배운 것으로 행복한 결혼생활을 누리겠다고 하는 것은 마치 독학으로 피아노를 배워서 세계적인 피아니스트가 되어 보겠다고 하는 것과 같다.

많은 사람들에게 가정상담을 해주면서 그들의 문제점들을 분석해주고 그 원인들을 가르쳐주면 그 사람들이 "조금만 일찍 이런 것들을 알았더라면 저희들이 이렇게까지 되지는 않았을 텐데요!"라고 말들을 한다. 아닌 게 아니라 그들이 가정생활에 대하여 조금만 더 알았더라면 그들의 생활은 완전히 달라졌을 것이다.

그래서 사람들이 가정생활에 대해서 몰라도 너무 모른다는 생각을 하게 되었다. 그러나 그럴 수밖에 없는 것이 위에서 말했듯이 대부분의 사람들이 가정생활에 대해서 전혀 배울 기회가 없었던 것이다.

요사이 젊은이들이 결혼할 때 준비하는 것들을 보면 대부분 예식장과 예물 그리고 집과 살림살이들이다. 이것은 결혼생활의 하드웨어일 뿐이다. 결혼생활에도 소프트웨어가 필요하다.

결혼생활의 소프트웨어란 "결혼이란 무엇인가? 남녀는 왜 결혼해야 하는가? 결혼의 목적은 무엇이며 진정한 행복이란 무엇인가? 풍성한 가정생활을 위한 남편과 아내의 책임과 역할은 무엇인가? 자녀양육은 어떻게 할 것인가? 가정에서 아버지와 어머니가 잘못했을 때, 자녀들에게 어떤 일들이 벌어지는가?" 하는 것들에 대해서 아는 것이다. 이것들을 알아야 풍성하고 행복한 결혼생활을 할 수가 있는 것이다. 그래서 여기에서 우리들의 결혼생활을 행복하게 하는 몇 가지 소프트웨어에 대하여 한번 생각을 해보자.

2. 사랑이 있는 가정

(1) 가정의 목적이 무엇인가?

▶ 사랑의 관계(친밀감)를 통한 의미와 행복 추구이다.

인간의 욕구에 대하여 마슬로우라는 학자는 다섯 가지를 언급하는데 그 첫 번째가 생리적인 욕구이며 두 번째가 안전의 욕구이고 세 번째가 소속감의 욕구라고 한다. 소속감은 어디에 누구에게 속해있느냐에 따라 행복의 정도가 달라진다. 당연히 가정은 사랑하는 사람의 결합체이기 때문에 속해 있다는 것뿐 아니라 친밀감을 느껴야 한다. 더구나 이런 친밀감은 사랑 때문에 생겨나는 것이며, 친밀감이 없으면, 버려진 느낌이 들어 삶의 의욕을 상실하게 된다.

▶ 자녀 양육을 통한 기쁨과 미래의 행복 추구이다.

부모가 인생의 과거였다면 부부는 현실이며, 자녀는 미래이다. 자녀 양육은 미래의 행, 불행을 결정할 뿐 아니라 자라나는 자녀를 통해 엄청난 기쁨과 보람을 얻게 된다. 또한 사랑으로 시작된 부부관계라도 사랑이 식고, 권태기가 오더라도 자녀는 부부를 하나로 연결해주는 끈 역할을 한다.

중요한 것은 인간은 부모로부터 보고, 듣고, 익힌 성품과 교육받은 생활습관이 그대로 부부생활과 자녀교육에 영향을 미치게 된다는 것이다. 그러므로 좋은 부모가 좋은 자녀를 양육하게 되는 것은 너무나 당연한 이치이다.

▶ 성적인 만족을 얻는 것이다.

보통의 남녀는 에로스(육체 매력에 이끌린 사랑)의 사랑으로 시작된다. 이는 대단히 중요한 이성의 결합 조건이다. 물론, 나이가 들면서 점점 희박해지기는 하지만, 성적인 만족이 결혼생활과 애정 유지에 큰 영향을 미치는 것은 사실이다. 흔히 사람들은 결혼과 동시에 배우자에 대하여 성적인 매력을 잃어가기 쉽다. 이미, 결혼했으니까 미더워서 안심을 하게 되는 것이다. 그러나 이혼하는 사람들이 사유로 들먹이는 '성격차이'는 사실은 '성적 차이'라고 볼 수 있다. 즉, 배우자에게서 성적인 매력을 잃어버렸기 때문에 짙게 사랑할 때인 연애시절에는 문제가 되지 않았던 것들이 성적인 매력을 잃어버린 뒤에는 결혼생활을 지속할 수 없을 정도의 문제로 발전하는 것이다.

그러므로 부부는 서로 성적인 매력을 잃어버리지 않도록 노력해야 한다.

▶ 서로를 섬김으로 성장, 성숙한 삶을 영위하는 것이다.

인간은 생명체이기 때문에 날마다 변화하며, 어떤 자극이나 계기가 생기면, 성장하게 된다. 그러므로 기왕이면 바르게 발전적으로 성장하는 것이 옳다.

그런 의미에서 부부는 서로를 통해 성장하고 성숙해야 하며, 서로를 도와서 성장·성숙하도록 해야 한다. 이때 필요한 것이 헌신이다.

처음 만나서 사랑을 나눌 때에는 보이지 않던 단점들이 보이기 시작하면, 배우자를 잘못 만났다고 실망하여 외면하는 사람들도 있지만, 이것은 사랑이 아니다. 진실한 사랑은 서로가 성장하고 성숙하도록 돕는 것이며 나아가 배우자의 전적인 헌신이 필요할 때도 많다.

(2) 결혼의 세 가지 원리

한 남자와 한 여자가 장성하여 독립된 하나의 인격체로 성장하면, 이성에 대한 그리움으로 자연스럽게 사랑의 대상을 찾게 된다. 왜냐하면, 인간은 사람과 사람의 사이, 즉 관계이기 때문에 결혼하여 가정을 이루는 것은 당연한 일이다.

그러나, 자라면서 가정에 대하여 습득한 생활원리가 잘못되어 있으면 건강한 가정을 만들기 어렵게 된다. 특히, 결혼 전에 배우고 깨닫지 못한 정신적, 심리적인 성숙도는 결혼생활에 막대한 장애물이 되어 온전한 가정을 만들지 못하게 한다. 특히, 역기능 가정(가정의 구성원이 제 구실을 감당하지 못한 가정)에서 자라난 사람은 새로 만들어진 가정에서도 원가정의 문제를 고스란히 드러내므로 많은 어려움을 가져오게 된다.

그래서 "결혼 후의 문제는 전부 결혼 전의 문제다"라는 말이 있다.

결혼 전에 반드시 알아야 할 결혼의 원리는 다음과 같다.

▶ 떠남의 원리 – 남자가 부모를 떠난다.

흔히 '성인아이'라 불리는 사람들 가운데 일부는 부모로부터 버림받은 감정이 있거나 반대로 과잉보호 아래서 자라면서 '성인아 이'가 될 수 있다. 이는 몸은 어른이 되었지만, 정신적으로는 아직도 부모를 의존하는 습성을 버리지 못한 상태의 사람들을 일컫는 말이다. '성인아이'는 혼자서 결정하는 것을 두려워하며, 부부의 문제를 자꾸 부모님에게 가지고 간다.

특히, 수직 관계를 중요시하는 남성들의 경우 아내에게 섭섭한 것을 스스로 해결하지 못하고 어머니와 의논하거나, 수평적 관계를 중요시하는 여성이 과잉 보호 아래서 자랐을 경우 친정에서의 습성을 버리지 못하여 매사에 친정의 도움을 받으려는 생각 등이다.

이렇게 결혼은 했으나 부모를 떠나지 못한 부부관계는 계속해서 관계에 갈등과 혼란을 가지고 오게 된다. 특히, 문제가 되는 것은 고부간의 갈등이다. 시댁에서 함께 살아야 하는 경우, 남편이 어머니를 떠나지 못할 경우, 아무리 중립을 지킨다고 해도 갈등은 끊이지 않는다. 오직 단호히 아내를 자신과 동등한 위치에 세운 뒤, 아내(며느리)와 어머니 (시모)가 대화하도록 해야 한다.

▶ 연합의 원리 - 아내와 연합한다.

연합이란? 한 팀이 된다는 의미이다. 모든 삶의 부분들을 함께 공유하고 나누는 것을 말한다. 지위나 물질, 자녀에 대한 권리, 서로에 대한 성장 등 모든 면에서 동등하게 서로를 세워 나가야 한다. 한 팀이 사랑한다는 것은 기쁨과 슬픔도 함께 하는 것이며, 어려움이나 시련도 함께 극복하는 것이다.

또한 한 사람이 힘들어 하면 어깨를 부축하여 함께 가야 한다. 결코 소외되거나 낙오자가 생기면 안 되는 것이다.

연합의 원리에는 성 생활도 포함된다. 남편, 아내가 연합하는 것이다. 그 사이에 다른 사람이 끼어 들면 안 된다. 부부 사이에는 그 누구도 끼어들 수 없다. 둘의 사랑에 방해가 되는 것은 아무것도 있어서는 안 된다. 부모도, 자식도, 친구도 둘 사이에 들어가서는 안 된다. 다만, 두 사람의 합의에 의해서만 끼어 들 수 있다.

▶ 한 몸의 원리 - 둘이 한 몸이 된다.

부부는 둘이 마주보며 가는 것이 아니라 나란히 한 방향으로 가는 것이다. 한 몸이 된다는 것은 육체적인 의미를 넘어 정신적, 감정적인 한 몸도 이루어지는 것을 뜻한다. 그렇게 되기 위해서는 하나됨을 위한 몇 가지 사항이 있다.

첫째는 가치관이다. 배우자와 결혼한 이유를 명쾌히 해야 하며, 가정을 이룬 목적을 분명히 공유해야 한다. 또한 가정이 나아갈 도덕적, 사회적 방향에 대해서도 의논해야 하며, 육체적으로는 성 생활의 원활함과 정신적으로는 마음을 나누는 대화를 하고, 영적으로는 신앙생활을 함께 해야 한다.

특히, 사랑하는 관계를 위해 적절한 애정거리를 유지하고 서로가 어디에서 무엇을 하고 있는지 정확하게 알 수 있도록 끊임없이 삶을 나눠야 한다.

그렇다면 한 목표를 향해 나아가기 위한 가정의 목적을 알아야 하는 것이다.

(3) 사랑의 본질

사랑을 정의해 놓은 문장에서 나타나는 모습에는 다음과 같은 것들이 있다.

▶ 사랑은 하나의 배려요 관심이다.

우리는 사랑할 때, 사랑하는 대상에 대해서 깊은 걱정과 관심과 섬김의 태도를 갖는다. 이런 마음은 사랑하는 대상자의 행복을 바라기 때문이다.

왜냐하면 사랑하는 순간부터 상대를 자신과 동일시하게 되기 때문이다. 그래서 잘못된 일이 일어나면 그 모든 영향이 자신의 것으로 인식되고, 상대방과 똑같이 힘들어진다.

그러므로 걱정하는 것은 당연하다.

따라서 걱정에서 벗어나기 위해 끊임없이 관심을 가지게 되는 것이다. 또한 상대에게 더 나은 행복을 주기 위해 노력하게 되는데, 이것이 섬김이다. 섬김은 작은 배려와 필요를 채워주는 것으로 드러난다. 즉, 상대방이 나와 함께 있을 때든지 아니면 떨어져 있다 할지라도 나로 말미암아 기쁨을 얻도록 하는 마음과 말과 행위이다.

이런 것이 어우러져 사랑의 증거가 되는 것이다.

▶ 사랑은 책임을 진다는 것이다.

사랑은 사랑하는 대상이 필요로 하는 모든 것에 대하여 책임을 진다. 즉, 사랑하는 만큼, 부름에 신속하고 정확하게 응답하는 것이다.

사랑하게 되면, 누구든지, 그 사람의 삶에 관여하게 되는데, 더 높은 질의 삶을 추구하게 되는 것은 본능이다. 특히, 가정을 이루게 되면, 남성은 경제적인 책임을 져서 가족을 부양하게 된다. 또한 가족들의 안전을 책임지는 보호자 노릇도 수행해야 한다. 그러나 가장 중요한 책임은 한없이 가족들을 향해 사랑하는 모습을 보이는 것이다. 일반적으로 표현문화에 익숙하지 않은 우리나라 남성들은 가족을 사랑하지만, 표현이 서툴러서 가족들에게 사랑 받지 못하고 있다는 느낌을 준다. 이는 심각하게 개선해야 할 일이다.

반면, 여성들에게도 책임은 있다. 가정 안에서 음식 준비와 세탁, 어린 자녀의 양육 등을 책임져야 한다. 물론, 현대사회에 와서 취업여성들에게 가사의 모든 책임을 지게 할 수는 없으며 가사에 대한 적절한 분담을 해야 한다. 하지만, 여성이 책임자가 되어야 원활한 수행이 가능해진다.

중요한 것은 여성은 아내와 어머니로서 가족들의 감정적인 부분에 대한 책임이 있다는 점이다. 가족들의 마음을 잘 다루어 가족 모두가 행복할 수 있도록 해야 하는 것이다.

▶ 사랑은 상대방을 존경하고 존중한다.

자기중심적이 아니라 상대방을 중심으로 생각하며, 그의 인격을 존경하고, 존재에 대하여 존중하며, 개성을 아끼고, 권리와 의사와 자유를 인정하는 것이다.

이는 생각처럼 쉬운 일이 아니다. 연애시절에는 너무나 잘하던 존중감이 결혼생활이 지속되면서 서로에 대한 신비감을 잃어버리고 나면, 그토록 소중하게 여겨졌던 사랑의 대상에게 무관심해지거나 아예 무시하는 경향이 나타나게 된다. 더구나 자신의 요구만을 관철하려고 하고 상대방에 대한 의사는 무시하게 되면 문제는 더욱 심각해진다. 이는 권태로움에서 비롯되기도 하지만 근본적으로는 서로가 소중하다는 것을 잊어버렸기 때문이다.

한 남자와 한 여자가 만나 부부로 살아가는 것은 대단한 인연이다. 당연히 자신을 사랑한다는 한 가지 이유만으로 일생을 대가 없이 헌신하는 배우자는 무엇과도 견줄 수 없는 소중한 존재이다. 그러므로 그 소중함에 대한 생각을 잊어버리지 않도록 서로 섬겨야 한다.

특히, 언어습관이 중요하다. 평소에 반말을 사용하는 사람들은 기분이 나쁘면 퉁명스럽게 말하게 되고, 화가 나면 막말을 할 가능성이 높아진다. 결국 화가 많이 나면 욕설을 퍼붓게 되고, 상대방의 인격에는 커다란 상처가 되는 것이다.

기왕이면 사랑하는 부부는 반 존칭어를 사용하는 것이 좋다. 그렇게 되면, 화가 나도, 반말 정도에서 그치게 되고, 인격적인 손상은 예방할 수 있게 된다.

▶ 사랑은 이해하는 것이다.

사랑하는 사람이 겪고 있는 불안과 고민을 이해해야 한다. 이해는 사랑을 더 깊은 내면의 세계로 이끌어 넓고 깊게 도우려 애쓰게 마련이다. 이해의 출발점은 서로를 아는 것이다. 이는 단순한 경험이 아니라 지식으로도 상대방을 알아야 함을 뜻한다.

이해하기 위하여 알아야 할 것에는 첫째, 상대의 성장배경이다. 어린 시절 어떤 부모에게 어떤 교육을 받아왔는지가 중요하다. 특히, 생활습관 가운데서 부정적인 영향을 받은 것에 대해 알아둘 필요가 있다. 내 아내나 내 남편만이 가진 독특한 마음의 상처를 알고 있으면, 갈등을 사전에 예방할 수 있게 된다. 또한 그 사람의 출신 지역의 문화나 역사를 아는 것도 도움이 된다. 사랑하는 대상의 오늘은 과거가 만든 것이기 때문이다. 둘째, 남성과 여성의 차이점에 대해서도 알아야 한다. 남성과 여성은 서로 여러 부분에서 다양한 차이가 있다. 생리적인 차이, 심리적인 차이에서부터 대화법의 차이나 성 생활에 대한 차이 등, 너무나 많은 차이가 있으므로 그것을 아는 것만큼 더 상대방을 잘 이해하게 된다.

이해한다는 것은 상대방을 평안하게 하는 것이다. 또한 나 자신이 평안하게 되는 가장 중요한 지름길이다. 상대방을 이해하지 못해서 쓸데없이 낭비되는 생각과 시간은 엄청나게 많다. 이해의 폭을 넓힘으로써 훨씬 더 행복하게 된다.

▶ 사랑은 주는 것이다.

사랑하면 할수록 더욱 주려고 하는 것이다. 시간과 물질과 재능과 정성을 주는 것이다. 줌으로써 사랑의 대상과 함께 기쁨을 얻는 것이 사랑이다.

준다는 것은 받기 때문에 주는 것이 아니다. 주는 가운데 받은 그의 기쁨이 내 기쁨이 되는 것이며, 대가를 바라지 않고 주었는데, 그에게서 다시 되돌려 받을 때, 기쁨이 배가되는 것이다. 그런 의미에서 받으려고 하는 사랑은 위험하다.

예를 들어, 사랑의 결실인 결혼식장에서 두 사람은 서로를 향해 "부하거나, 가난하거나, 건강할 때나 병들었을 때에도……"라며 서약을 한다. 이는 조건에 관계없이 무조건 사랑하겠다는 약속이다. 그런데, 이혼을 하는 부부들을 보면, 서약을 했다고는 볼 수 없다. "당신이 나에게 무엇을 해주지 않았기 때문에 못살겠다"는 것이다. 이는 서약이 아니라 계약에 해당된다. 계약은 서로간에 조건을 두고 약속을 하는 것이다. 그래서 내가 무엇을 주고, 당신에게서 무엇을 받으므로 성립된다. 결국 많은 부부들이 결혼식장에서는 서약을 하고, 불화가 생기면 계약했다고 우기는 것이다.

사랑은 받은 것이나 받을 것을 기대하지 않고, 온전히 줌으로써 행복을 얻는 것이다. 이럴 때, 상대방은 그런 사랑에 감사하여, 사랑에 사랑을 더해주는 것이다.

그래서 사랑은 인간이 다 이해할 수 없는 신비스러운 것이다.

(4) 사랑의 실천

▶ 사랑은 선택의 문제이다.

"진리에는 일치를, 비 진리에는 자유를, 나머지 모든 것에는 사랑을"이라는 말이 있다. 어떤 말이나 행동을 하든지 "이 모든 것 위에 사랑을 더하라"는 명언을 생각하며, 사랑하는 방법으로 두 사람의 모든 것을 결정해야 한다.

예를 들면, 남편이 하는 행동이 마음에 들지 않을 때 공격적으로 비난하게 되면 사랑이 아닌 미움이 전달될 것이다. 이럴 때, 조용하게 시간을 만들어 분위기 있게 산책이라도 하면서 "사랑하는 당신의 그런 모습을 보면 내 속이 상해"라고 말하는 것이 사랑을 선택하는 것이다.

▶ 사랑은 행위의 문제이다.

성경에 보면, "말과 혀로만 사랑하지 말고 오직 행함과 진실함으로 하자"는 말씀이 있다. 진실을 담은 행동을 하면, 아무리 어려운 문제도 해결될 것이다.

사람들은 마음에 사랑이 담겨 있다고 말한다. 그러나 표현되지 않은 사랑은 사랑이 아니다. 말과 몸으로 사랑을 표현할 때, 상대방은 기쁨을 얻는다.

▶ 사랑은 헌신의 문제이다.

혈연은 끊어질 수 없는 인연이다. 부부는 무촌이라고 일컬어진다. 물론 헤어지면 아무런 상관이 없는 무촌일 수도 있지만, 두 사람 사이에 자녀가 생긴다면 혈연으로 맺어진 사이를 끊을 수 있는 방법은 없어진다. 가족은 서로의 사랑에서 어떤 이유로도 끊어질 수 없음을 확신해야 한다. 그러므로 이해와 용서, 지켜봄 등으로 모든 삶의 부분에서 끝까지 돕고, 지키고, 선하게 이끌어주어야 한다.

▶ 사랑은 약속의 문제이다.

결혼은 사랑한다는 약속의 마지막 선언이다. 그러므로 "내가 너를 버리지 아니하고 너도 나를 떠나지 말라"는 굳은 신념이 있어야 한다. 성경에서는 "그러므로 하나님이 짝 지운 것을 사람이 나누지 못 할지니라"라는 혼인을 선포하는 말씀이 있다. 인생 최고, 최후의 사랑의 약속은 반드시 지켜져야 한다.

➜ 충분한 사랑은 어떤 어려움도 극복하고 행복을 창조한다.

충분한 사랑이란? 상대방이 원하는 그 이상, 그 이후에도 최선을 다하여 사랑에 사랑을 더하는 것이다. 사랑은 인간에게 가진 능력 이상의 힘을 발휘하도록 만들기도 한다. 그래서, 그 어떤 방해물도 극복하게 해준다.

인간이 바라는 행복은 우리가 상상하는 것보다 작은 사랑을 주고받는 가운데 생기는 것이기도 하다.

열심히 사랑하는 사람들은 창조적인 사랑도 만들어가게 된다. 그래서 자신과 자신의 사랑을 받는 모두에게 새로운 행복을 안겨준다.

(5) 사랑의 가족이 되기 위한 다섯 가지 노력

사랑은 서로에게 행복을 가져다주지만, 그렇다고 사랑한다는 감정이나 표현을 한다고 해서 저절로 얻어지지는 않는다. 행복을 얻기 위해서는 열심히 끊임없이 노력해야 한다. 그 가운데 중요한 다섯 가지를 소개한다.

① 인격 존중

인격이란? 그가 어떤 사물이나 사안에 대하여 표현하는 고유한 성품이다. 이 성품은 그가 가족이나 삶의 환경에 따라 형성된 것들이므로 쉽게 바뀌지 않는다. 더욱이 부모로부터 물려받은 성품과 사회 등의 주변 환경으로부터 습득된 교육의 영향으로 생성된다. 중요한 것은 자신이 존중받은 경험이 많을수록 다른 사람도 존중할 수 있게 된다는 것이다. 그러므로 어릴 때부터 충분히 존중받는 분위기의 가정에서 성장하는 것이 중요하다.

② 관심과 배려

관심과 배려는 사랑하기 때문에 자연스럽게 나타나는 마음과 행동이다. 어떤 완벽한 사람이라도 지켜보면, 반드시 도울 일을 발견하게 된다. 결코, 아무 도움도 필요 없는 사람은 없기 때문에 늘 서로에게 관심을 가지고 지켜보면서 세심히 살피고 그의 필요를 채워주려는 노력을 하면, 사랑은 그만큼 완성된다.

③ 차이 인정

모든 사람은 '다르다'. 그러나 우리는 상대를 자주 '틀렸다'고 하므로 사랑이 아닌 미움을 전달하게 된다. 생각해보면, 생명체인 인간은 육, 혼, 영이라는 요소가 각기 다른 여건에 따라 만들어졌기 때문에 어떤 인간도 똑같을 수가 없다.

그러므로 전혀 이해되지 않는 말과 행동을 할 수도 있다. 이해되지 않더라도 각자의 고유한 개성과 사고방식도 인정해줘야 한다. 사랑은 서로 다르기 때문에 아름답게 빛난다. 그것은 보완해주면서, 서로 다른 기쁨을 선물할 수 있기 때문이다.

④ 끊임없는 헌신

가족은 섬김을 배우고 훈련하는 장소이다. 이런 가족관계에서는 어떤 조건이나 정해진 기한이 없다. 끊임없이 섬김으로 사랑의 일관성을 유지해야 한다.

어제와 오늘이 다르고, 자신이 화가 났다고 해서 평안한 가족을 향해 화를 내는 등의 행위는 사랑으로 헌신하는 자세가 아니다.

어떤 환경에서든지, 사랑하는 대상에게 사랑을 줘야 할 의무가 있음을 알고 행동하는 가족, 그런 가족이 모인다면 그 곳이 바로 천국일 것이다.

⑤ 기쁨을 주기 위한 열정

사랑한다고 말은 하지만, 아무런 사랑도 느낄 수 없는 가족이 많다. 열정이야말로 살아서 꿈틀거리는 사랑의 희열을 맛보게 한다. 기왕 사랑한다면, 열심히 사랑해야 그만큼 상대방이 누리는 기쁨도 크고, 사랑의 열매도 더 달콤할 것이다.

> 사랑은 모든 삶의 기초이다. 그리고 가정에서 사랑을 배우지 못하면 영원히 배울 수 없고, 느끼지 못한 채 인생을 마감하게 될 것이다.

3. 현대 사회와 가정

(1) 현대인의 결혼관

과거의 결혼은 가문과 가문의 결합이었지만 현대에 와서는 '개인의 행복'과 '성취'를 위한 수단으로 변했다.

그래서인지 가족을 사랑과 존중의 대상이 아닌 소유하고 즐기다가 버리는 물건처럼 다루기도 한다. 이혼율이 높아진 것도 이런 생각의 결과이다.

현대인들은 책임보다 권리를 소중히 여긴다. 그러다보니 권리를 침해 당하고는 살 수가 없다. 결혼도 마찬가지이다. 의무를 다하기보다 권리를 먼저 주장하다보니, 전혀 문제될 것이 없는 사소한 일로도 다투고, 성급하게 권리를 취하려다보니 이혼도 가리지 않게 되는 것이다.

더구나 오늘날의 젊은이들은 꼭 필요한 것보다 원하는 것을 더 중요하게 여기는 시대에 살고 있다. 시각적인 자극과 마음이 동하면 해야 하고 사야 한다는 감각적인 사회가 된 것이다. 그러다보니 자연스럽게 오랜 세월을 함께 지내야 하는 결혼을 포함한 모든 제도에 대해서는 회의적인 반응을 보인다.

(2) 부부 불화의 원인

(현대백화점이 30~50대 부부 5천 명을 대상으로 조사한 설문)

1. 인격적인 무시(29%)

2. 경제적으로 어려워질 때(23%)

3. 서로의 일로 가정에 충실하지 않을 때(21%)

4. 다른 사람 또는 가정과 비교할 때(15%)

위의 설문조사 내용을 보면 인격에 대한 존엄성이 중요함을 알 수 있으며, 과거의 가부장적 사고방식을 가지고는 현대 가정이 유지될 수 없다는 사실을 직시하게 된다. 또한 물질만능 시대를 반영하듯 경제적으로 어려워지면, 사랑도 쉽게 깨어지게 되는 것을 볼 수 있으며, 서로 해야 할 일에 대한 책임을 소홀히 하거나 자꾸 다른 가정과 비교하여 자존심에 상처를 입었을 때에도 불화가 일어남을 알 수 있다.

(3) 전통적인 남성들의 문제

우리나라는 전통적으로 유교의 영향을 많이 받아 '남존여비' 사상이나 조상을 숭배하는 성향이 강하고, 농경사회로서 남성에 대한 노동력이 우선되는 사상이 강하게 지배해 왔다. 이런 영향으로 엄청나게 달라진 사회적 변화에도 불구하고 변화하지 않은 남성들로 말미암아 가정에서 많은 문제가 발생하는데, 그 가운데 몇 가지를 소개한다.

▶ 가부장적 문화 – 남존여비 사상으로 여성을 소유 개념이나 가르침의 대상, 또는 열등한 존재로 인식하여 여성들로 하여금 존엄성에 상처를 입힌다.

▶ 성공지향 문화 – 일을 하는 목적이 성공 지향적이 되다보니, 가정이나 인간관계보다 일을 우선시하므로 여러 가지 문제가 발생한다.

▶ 성 문화 – 남성의 외도는 관대한 경향을 보이고, 남성을 가계 계승자로 보아 자녀를 낳지 못하는 여성들에 대한 차

별이 심하고, 심지어는 죄인 취급까지 한다. 그러다보니 자연히 남아 선호 사상이 팽배해져 성적 차별이 생기고, 가정의 문제가 발생하는 것이다.

▶ 폭력 문화 - 남성들은 아내나 자녀들에 대하여 소유권 의식을 가지고 있어, 아내를 폭행하고, 아동을 학대하는 일이 발생한다.

▶ 술 문화 - 남성들은 술을 마시지 못하면 남자도 아닌 것처럼 여기거나, 술을 마시고 저지른 실수에는 관대한 용서를 베푸는 문화는 결국 남성 스스로를 망치는 결과로 이어진다.

사회적으로는 성공 지향의 문화에 깊게 물든 남성일수록 가족관계는 힘들어진다. 또한 남자들은 아직도 집단주의에 머물러 있으나 여성들은 개인주의로 가고 있는 것도 문제가 된다.

(4) 이혼 상황에 돌입하게 되는 이유들

결혼식장에서는 그렇게 사랑했던 모습으로 장밋빛 미래를 꿈꿨던 부부도, 갈등이 생기고 이를 극복할 지식과 성품을 갖추지 못하면 이혼으로 치닫게 된다. 서로 다르다고 하지만, 세상 어느 부부가 다르지 않은 사람이 있는가?

실제로 부부가 달라서가 아니라, 비슷해서 이혼한다. 이해도와 갈등 해결을 위한 노력, 부부관계에 대한 헌신 등 모든 면에서 한 사람이라도 포용할 능력이 있으면 이혼은 예방된다. 과연 어떤 부분에서 문제가 될 때 이혼할까.

▶ 공감능력의 결여이다.
  - 통제되지 않은 공격성이 드러날 때
  - 갈등이 해결되지 않은 어느 한 쪽이 문제를 제기할 때
  - 막아보려고 노력하는 쪽에서 단절적 결정을 하는 경우가 많다.
▶ 우선 부정한다.
  - 사실이 아닐 것이라고 자위한다.
  - 시간이 흐르면 상대방이 변할 것이라고 막연한 기대를 갖는다.
▶ 절망적으로 이를 번복하려고 한다.
  - 지켜질 수 없는 약속을 하고 이전과는 다른 이해하는 태도를 취하기도 하지만, 두 사람 다 변화가 없다.
▶ 내재되었던 분노가 폭발한다.
  - 결국 변화되지 않는 상대방에 대하여 인내의 한계를 드러내면서 분노를 폭발시킨다. 이 분노는 문제 해결

에 도움이 되지 않으며, 관계를 악화만 시킬 뿐이다. 그러면 상실에 의한 깊은 우울감에 빠지게 되어 절망하게 된다.

생각해보면, 이혼은 두 사람 모두가 가해자임과 동시에 피해자가 될 뿐이다. 이렇게 사랑이 파괴되는 이혼은 두 사람에게 돌이킬 수 없는 무력감을 가져오고, 이를 극복하는 데 많은 시간이 걸리지만, 죽을 때까지 상처는 지워지지 않는다.

이런 문제를 해결하고 온전한 가정을 만들기 위하여 사랑이 넘치는 가정에 꼭 필요한 요소들을 살펴보면 다음과 같다.

(5) 나눔 : 사랑의 가정을 만들기 위하여

사랑도 훈련되지 않으면 주고받는 데 어려움을 가져오고, 갈등이 만들어지기도 한다. 그러므로 나는 주었는데 상대방이 오해하거나 받지 못할 수도 있음을 알고 사랑을 배워야 한다. 사랑의 가정이 되기 위해서 꼭 필요한 다섯 가지를 나누어보자

▶ 가족들이 건강한 자아상을 갖고 있어야 한다.
　- 자아상이란? 자기 스스로가 자신에 대해 평가하는 것이다.
　- 자아상에 영향을 미치는 요소는 가족과 환경이다.
　➡ 나와 가족들의 자아상에 대하여 말해보자.

▶ 배우자의 성장 배경을 이해하고 보완하도록 한다.

- 가정의 중심은 부부이다.

- 부부는 서로의 원인가정에서 습득된 성품에 대해 알아
  야 한다.

  ➡ 부부 사이에 이해되지 않는 성격에 대하여 말해보자.

▶ 갈등 처리를 위한 대화기술을 향상시켜야 한다.

- 대화란? 서로에게 자신의 의사를 분명하게 표현하는
  것이다.

- 잘못된 대화방법은 또 다른 갈등을 만들어낸다.

  ➡ 가족들이 나눌 좋은 대화방법에 대해 말해보자.

▶ 감성지수를 개발하여 높여야 한다.

- 가정은 원천적으로 지식이나 물질보다 감정의 보금자
  리이다.

- 마음의 대화는 다친 마음을 치유하고 새로운 힘을 얻게
  한다.

  ➡ 감성지수를 높이기 위한 가족문화에 대해 말해보자.

▶ 가족 서로가 성장, 성숙할 수 있도록 도와주어야 한다.

- 성장은 사회인으로서, 큰 구실을 수행하는 능력을 갖는 것이다.
- 성숙은 인간관계에서 타인을 섬길 수 있는 인격을 갖추는 것이다.

➡ 가족들이 성장, 성숙할 수 있도록 돕는 구실에 대해 말해보자.

가족은 서로에게 악하거나 독하게 구는 것과 화를 내거나 훼방하는 것을 버리고, 서로 이해하고, 인자하게 하며, 용서하며, 서로에게 기쁨이 되도록 노력해야 한다. 진정한 가족사랑을 실천하기로 다짐해보자.

주수일 　사랑의 집 이사장으로 서울대학교 공과대학을 졸업하고 칠성섬유 외 5개 중소기업의 회장으로 있다. 1988년 사회복지법인 사랑의 집을 설립하여, '새생활 가정세미나'를 시작하여 지금까지 약 만여 쌍의 부부를 교육하였으며, 한국가정사역 협회장, 온누리교회 사역장로로 봉직하고 있다. 저서로는 《진새골이야기》, 《아름다운 가정의 비밀》, 《행복한 가정설계》 등이 있다.

바르고 강한 국민을 만드는 어머니

주 선 애 장로회신학대학 명예교수

작은 나라이지만 아주 강한 나라들이 있다. 그 가운데 하나가 이스라엘이라고 생각한다. 서기 70년에 다 흩어져 살던 유대민족이 1948년 이스라엘을 재건하기까지 1990년이란 긴 세월을 박해와 환난의 역사를 극복할 수 있었던 그 저력은 무엇일까?

아인슈타인, 쇼팽, 멘델스존, 샤갈, 루스벨트, 미테랑, 키신저, 스피노자, 록펠러 등등 세계 역사를 주도하던 위대한 인물들의 상당수가 유대인인 이유가 무엇일까? 그것은 다름 아닌 그들의 가정교육 때문이다. 유대민족 어머니들의 강한 의지와 정신력 그리고 지혜로운 자녀교육의 방법 등이 그들의 일상생활에 배어 있었기 때문이다.

오늘날 우리나라와 같이 자녀교육을 학교나 학원중심의 교육에 의존하지 않았다는 것에 주목해야 한다.

그동안 우리들의 자녀교육의 뜨거운 열기는 세계적으로 알려졌다. 그래서 우리는 한강의 기적을 짧은 기간에 이룰 수 있었던 것은 사실이다.

그러나 우리는 지금 가정과 학교, 문화와 사회, 그리고 정치와 국가의 안보까지도 그 기초가 흔들리는 것을 느끼고 있다. 교육열은 세계의 첫째인데 우리 사회의 부패지수는 세계에 꼬리부분에 속하게 된 이유는 무엇일까?

우리나라 어머니들이 갖는 교육에 대한 잘못된 이념(생각) 때문이라고 생각할 수 있다. 우리들은 부富, 권력, 지위 등을 얻어야 행복해진다는 착각에 빠져 있다. 사회는 어떻게 되든지 너만은 생존경쟁에서 앞서야 한다는 잘못된 목표를 갖고 있기 때문이다.

그래서 가정에서 제대로 하는 교육은 없이 학교나 학원교육에만 온 정성을 다 쏟아 온 것이다. 그 결과로 온 나라는 제각기의 경쟁마당이 되어버렸고, 아이들이 도저히 그 경쟁에 자신이 없다고 생각될 때에는 가족을 등지고 거리로 뛰쳐나와 비행청소년이 되어버린다. 그래서 사회는 더 어지러워지고 있는 것이다. 사람은 누구나 어머니의 젖가슴에서부터 처음으로 세상을 느낀다. 그 경험을 바탕으로 하여 사람은 어떻게 살아야 하는지를 깨닫게 되며 그의 내면세계가 형성되어 간다. 즉 그의 성품, 그의 정신, 그의 가치관이 어버이의 무릎 위에서부터 만들어지는 것이다. 그러기에 어버이 무릎 이상의 강력한 인생학교는 없다.

예를 들어 본다면, 독수리 알을 오리의 품에서 오리알과 함께 부화를 시켰다. 알 껍질을 깨고 나온 독수리 새끼는 그 오리를 제 어미인줄로 알고 따라 다녔다. 어미 오리가 하는 짓을 그대로 했다. 처음 본 것은 잊을 수가 없는 것이다. 그것을 각인刻印이라고 한다.

그토록 우리 어머니의 인격은 아이들에게 각인이 되는 것이다. 이처럼 어머니의 책임은 막중하다. 교육이 잘못되었다고 정부나 학교 또는 사회에 그 책임을 전가하기 전에 어머니들이 우리 아이들에게 무엇을 머리와 가슴에 도장 박히도록 해주었는가를 뒤돌아 봐야 한다. 무책임, 허영심, 신경질이 각인되지 않았는가?

좀 오래 전 이야기이다. 갤럽 조사에서 한국 어머니와 외국의 어머니들이 무슨 말을 자녀들에게 제일 많이 하는지를 조사했다. 그 결과 한국 어머니들이 가장 많이 하는 말은 똑같이 "공부 잘해라"였다. 유럽이나 서양의 국가에서는 무엇이겠는가? "다른 사람 해치지 말아라", "공공물건 해치지 말아라"였다.

우리는 "공부 잘해 남 주냐?"까지 덧붙여가며 자녀에게 경쟁의식만을 부추겨 왔다. 공부 잘하라는 말 자체가 나쁘지는 않을 것이다. 그러나 그 뒤에 있는 어머니들의 교육철학이 갖는 결함이 문제이다. 아이들은 어머니의 마음속을 다 알고 있다. 성공하여 부富, 지위와 권세를 잡아야 한다는 말로 알고 있을 것이다. 그래서 잘 살게 되면 어머니의 소원이 풀리고 자신과 부모 모두가 행복해질 것이라는 생각이 어렸을 때부터 잠재의식 속에 뿌리내려 있기 마련이다. 그렇게 해서 우리는 우리 자녀들을 극단의 개인주의 또는 이기주의자를 만들어 버렸다. 개인주의자들을 가지고는 강한 나라를 만들 수 없다.

그동안 우리 사회에 급속한 산업화가 이루어지면서 더더욱 물질만능주의가 팽창하였다. 모두가 개인의 이익을 위해서는 수단과 방법을 가리지 않는 경향이 짙어지게 되었다. 이런 경향으로 말미암아 우리 사회의 모든 규범이 무너지게 되었다고 본다. 결과적으로 도덕은 타락하고 국력은 추락하게 되었다.

인도의 간디는 나라가 망하는 여덟 가지 요인을 다음과 같이 들고 있다.

(1) 원칙이 없는 정치, (2) 도덕 없는 정치, (3) 노동 없는 부, (4) 인격 없는 교육, (5) 인간성 없는 과학, (6) 양심 없는 쾌락, (7) 희생 없는 신앙, (8) 정의 없는 법

우리나라에서 이것만은 자신 있게 해당되지 않은 요인이라고 할 수 있는 것은 무엇인가? 특히 인격 없는 교육 항목은 우리에게 크게 자극을 주는 요목이다.

공부를 열심히 한 아이들이 일류학교를 졸업하고 높은 지위에 오르게 되면 어떤 생각을 하게 될까? 열심히 공부하여 성공했으니 이제는 부를 챙기고 권세를 누릴 수 있는 권리가 있다고 생각하게 될 것이다. 그래서 부정부패가 우리 사회에 깊이 뿌리를 내리게 된 것이다.

그러고 보면 정부에서 아무리 개혁을 한다고 수십년 동안 힘써 왔지만 별 효과가 없이 구호로만 끝나게 된 데는 다 이유가 있다.

즉 어머니들의 교육이념이 잘못된 데 말미암았다고 하겠다. 교육행정 부처가 아무리 바뀌어도 부모들이 갖고 있는 교육목표가 건전한 인격 형성으로 바꿔지지 않는 한 대학입시 문제는 해결될 수 없다고 생각한다. 다시 말하면 우리나라 부모들에게 교육이 출세의 도구가 아니라, 건전한 인격 형성의 과정이며 나라와 겨레를 위한 일꾼을 키워 모두가 행복하게 살아가게 한다는 목표로 바꾸어야 해결될 것이다. 이런 의미에서 무엇보다도 부모교육이 앞서야 할 것이다.

1. 교육이란 무엇인가?

옛날 우리 선조들의 말씀 가운데 "사람이면 다 사람인가, 사람이 사람 구실을 해야 사람이지"란 말이 있다. 사람 구실, 즉 당위當爲의 인간상은 인간관계에서 자기 할일을 다하는 사람을 의미하고 있다. 교육이란 사람다운 사람을 기르는 일이다. 사람다운 사람이란 어떤 사람을 말하는 것일까? 각각 다를 수 있겠지만 잘먹고 잘사는 인간이 바람직한 인간일 수는 없을 것이다.

그러면 바람직한 인간이란 어떤 인간일까? 예를 들면 삶의 목표를 분명히 정하고 자신이 누구인지 어디로 가고 있는지에 대한 분명한 방향의식을 갖고 꾸준히 노력하며 가족과 이웃 그리고 나라와 세계와의 관계에서 어떻게 이바지하며 보람 있게 살아가야 할지를 부단히 추구하며 사는 사람 즉, 좋은 성품과 온전한 인격으로 성장하고자 굳은 심지를 갖고 스스로 노력하며 살 줄 아는 사람이 바람직한 인간이 아닐까? 그렇다면 여기서 부모는 어떤 구실을 해야 하는가? 인간은 마땅히 이래야 한다는 바람직한 당위當爲의 인간상을 그려보고 그런 인간을 만들어야겠다는 뚜렷한 의지를 갖고 자녀를 도와주는 것이 아니겠는가? 즉, 부모는 자녀들이 위와 같은 바람직한 사람이 되도록 옆에서 지켜보며 부단히 도와주려는 의지와 사랑과 지혜를 갖고 환경을 만들어주고, 자극하며 용기를 주는 것, 또한 삶의 모범을 보여주며 스스로 훈련을 쌓아 가도록 도와주는 구실을 하는 선생인 것이다. 이런 부모의 구실을 위해서 부모 자신의 인격이 부단히 성장해가야 하는 것은 너무도 당연하다. 아이가 성장하듯이 부모의 인격과 교양이 자라감으로 가능해지는 것이다.

꼭 기억해야 할 일은 이런 목표를 이루어 가는 데 여러 가지 길이 있다는 사실이다. 교훈이나 가르침은 그런 면에서 필요하다. 그러나 더 강력한 것은 주위환경에서 무의식중에 배워가는 경험들이다. 실패하거나 성공하는 경험 등을 통해서 스스로 고민하며 시도하면서 학습할 수도 있다.

부모는 이런 통로들을 마련해주는 사람이다. 무엇보다도 가정의 정신적, 영적 분위기는 자녀들에게 절대적인 영향을 미치는 것이다. 마치 어머니 아깃보(자궁) 안에 있는 태아가 어머니의 영양분을 흡수하며 자라는 것에 견줄 수 있다. 그러므로 가정교육이라 할 때 부모들의 훈시나 잔소리라 생각해서는 안 된다. 제대로 된 가정교육은 보다 더 깊은 정신적, 내면적 기류가 서로 작용하면서 가족 모두의 인격적 성숙이 이루어지기 때문이다.

2. 밝은 사회, 강한 나라를 만들어야 자녀가 행복해진다

슬기롭고 지혜로운 어머니는 우리 사회가 공의롭고 평화로워야 자녀들이 건전한 인격을 이룰 수 있음을 먼저 기억해야 한다. 혼란하고 도덕적으로 타락한 사회에서 우리 아이만이 건전하고 행복한 삶을 살 수는 없다. 아름다운 환경, 풍부한 자원들, 착하고 겸손한 국민성, 투명한 양심의 민족성을 만들면 우리 자손들은 기쁘게 살아갈 수 있을 것이다. 공의롭고 평화로운 아름다운 나라, 작으나마 강력한 나라를 만들어 자손들에게 물려주는 것이 자녀를 위한 길이다.

해방과 6·25 이후 우리는 나라사랑을 잊고 살고 있지는 않는지? 어머니로부터 나라 사랑하는 마음을 되찾아야 한다.

왜 우리 부모들은 우리 국민들을 극단의 개인주의, 이기주의자로 만들어 놓고 여기서는 못 살겠다고 더 살기 좋은 미국으로 호주로 이민을 가는 것일까?

우리 부모들은 다시 한번 생각을 해봐야 한다. 우리나라를 보잘것없는 나라로 만들어 놓고 세계 어느 곳에 가서 우리 자녀들이 대접받는 생활을 할 수 있을까? 부모 자신들이 강하고 정의로운 나라를 만들어 자손만대에 물려주어야겠다는 꿈과 굳은 결심을 가져야 할 때이다. 꿈이 없으면 나라가 망한다고 했다. 자녀들에게도 민족 전체가 잘살 수 있도록 나라 사랑을 일깨워주어야 한다. 어떻게 해서든지 분단된 나라를 자유민주주의 나라로써 통일을 앞당기고 이 땅에 지도자가 되어 새로운 사회 새로운 나라를 만드는 데 헌신하는 것이 가장 보람되고 행복한 것이라고 가르쳐주어야 하겠다.

세계관을 넓혀가야 한다. 그래서 우리 자녀들이 세계를 이끄는 지도자가 되도록 만들어 가야 한다. 지금의 어머니들은 머리를 들고 위를 바라보고 세계를 바라보며 자녀를 양육하는

데서 스스로 더 큰 보람과 행복을 느끼게 될 것이다. 1950년대 미국 장로교 여 선교회를 시찰하며 민박을 많이 할 기회가 있었다. 그런데 부엌마다 세계지도가 걸려 있었다. 왜 세계지도가 학생들 방이나 서재에 걸려있지 않고 부엌에 걸려 있느냐고 물었더니, 그들의 대답은 이랬다. "여성들은 대부분의 시간을 부엌에서 지내지 않습니까? 그래서 라디오를 부엌에 놓고 뉴스 등을 듣지요. 그때 세계 어디에서 어떤 사건이 일어났는지를 들으면서 세계지도를 짚어보게 됩니다. 그리고 내가 무엇을 할 수 있을까를 기도하며 생각해 봅니다." 지금 미국이 초강대국이 될 수 있었던 힘은 그 어머니들에게 있다는 생각이 들었다. 비록 몸은 부엌 안에 있지만 가슴은 온 세계를 품고 살아왔기 때문이라고 나는 믿는다. 요람을 흔드는 손은 세계를 흔든다고 했다. 훌륭한 인격을 가진 세계 지도자의 그 뒤에는 반드시 훌륭한 어머니가 있다. 우리 사회에 그렇게 뛰어난 지도자가 없는 이유는 정말 지혜롭고 강하고 크고 넓은 마음을 가진 어머니가 없었기 때문이 아닐까? 4, 50년 전 '치맛바람'이라는 말이 있었다. 자녀의 성적이 올라가도록 돈 봉투를 선생님께 갖다드리는 여성들을 가리키는 말이다. 지금 고급공무원들의 뇌물수수가 우리 사회인들을 낙심시키고 있는데, 이것이 그 당시 치맛바람 어머니들의 영향이 아닌가 생각한다. 자녀들이 엄마를 닮은 것이다. 우리나라가 통일이 되어 강력한 국가로 세계를 지도하는 나라가 되려면 우리나라 어머니들이 새로워지면 될 것이라고 믿는 것이다. 자녀교육에 대한 생각을 바꾸어보면 될 것이라고 믿는다. 우리는 본래 우수한 민족임을 기억해야 한다.

3. 어떻게 바르고 강한 국민을 만들 수 있을까?

사실 모든 어머니가 다 똑같을 수도 없을 것이다. 위에서는 어머니들의 생각이 바뀌어져야 할 것을 말했다. 이 항목에서는 조금 구체적인 것을 제안해보고자 한다.

‖ *아이의 잠재력을 인정하자.* 우리는 60억 세계인구가 한 명도 똑같지 않다는 것에 놀라게 된다. 마찬가지로 우리 자녀들은 각각 다르게 생겼고 다른 재능을 갖고 태어났다. 그래서 각각 다른 영향을 사회에 미치도록 창조주께서 계획하셨다. 그러므로 개인에 따른 능력을 개발하도록 하는 것이 곧 교육이다. 자녀에게 왜, 누구와 같이 못하느냐고 책하기 전에 이 아이가 갖고 있는 재능이 무엇일까를 찾아보아 그 면을 개발시켜주도록 하는 것이 지혜로운 일이다. 널리 알려진 대로 1882년 9개월 된

헬렌켈러는 불의의 병으로 삼중고의 불구자가 되었다. 눈 멀고 벙어리에다 듣지조차 못하는 이 아이는 점점 더 성질이 거칠어졌다. 그러나 이 절망적인 아이에게도 잠재력이 있을 것이라고 믿은 앤 설리반 여선생은 이 애를 촉감으로 의사를 소통하며 가르치기로 했다. 마침내 헬렌켈러는 대학에 입학했고 21세 때에 자신의 인생실화를 출간해 세계를 놀라게 했다. 그는 보통 사람보다 더 한계를 넘어선 세계를 볼 줄 아는 큰 학자가 되어 세상사람들에게 크게 이바지할 수 있었던 것이다.

‖ *성실하고 겸손한 성품을 본받도록 하자.* 공부 잘하는 것보다 좋은 성품이 자녀의 인생을 결정한다. 사람은 누구든지 성실하고 겸손한 사람과 교제하기를 좋아한다. 가정에서나 직장에서 이런 성품을 가진 사람은 존경 받고 우대 받는다. 주위사람에게 사랑 받고 인정받게 되면 그는 일생 행복한 사람이다. 이런 좋은 성품은 가정환경이 평온하고 부모들의 생활이 성실하고 온화하며 겸손할 때 자녀들이 의식적 또는 무의식적으로 배우게 되면서 갖게 되는 것이다. 도산 안창호 선생님은 "아! 거짓이여! 너는 내 나라를 죽인 원수로구나"라고 하며 우리 민족이 쇠퇴하는 근본 원인이 된 것은 거짓말이라고 탄식하였다. 나라를 사랑하는 자마다 건전한 인격을 갖추어야 하는데 건전한 인

격 없이 개인으로나 민족으로나 '힘' 있는 자가 되지 못한다고 했다. 그는 농담으로라도 꿈에라도 성실성을 잃었거든 통회하라 했다. 오늘날 우리 사회가 요구하는 것도 성실이다.

거만한 사람을 미워하는 건 인지상정이다. 자녀에게 겸손한 성품을 갖도록 교육한다는 것 역시 부모 삶의 태도가 자녀에게 배어들게 하는 것이다. 도산 선생님은 빙그레 웃으며 살자고 하며 미소微笑운동을 펴기도 했다. 살벌한 사회를 미소운동으로 밝힐 수 있으면 좋겠다는 것이다. 늘 분노를 터뜨리거나 우울한 부모 밑에서 자녀들이 명랑하고 통이 큰 지도자가 나올 수는 없다. 우리가 존경하는 김옥길(전 이화대학) 총장님과 김동길(전 연세대) 교수님의 어머니는 남의 삯바느질을 하며 자녀를 키웠지만 한번도 탄식하거나 슬퍼하거나 화내는 일이 없이 늘 칭찬하고 우스개 소리를 하면서 지내셨다고 한다. 그 두 사람이야말로 지도자다운 크고 명쾌하면서도 아주 성실한 지도자이다.

‖ 창의력을 키워가도록 도와줄 일이다. 아이가 처음으로 학교나 유치원에 갈 때 우리는 무엇이라고 일러주는가?

유대인 어머니들은 "오늘은 유치원 가서 선생님에게 무엇이나 많이 물어보고 오너라"라고 한다. 말을 잘 듣고 오라는 것과는 차원이 다르다. 누구나 무슨 질문을 하려고 하면 많이 생각한 뒤에야 할 수 있다. 머리를 써서 살라는 뜻이다. 오늘은 창의력의 경쟁시대이다. 인간이 가져야 할 기본적 가치관이 정립된 사람에게는 이 창의력이 개발되기만 하면 이 시대를 앞서가게 된다. 창의력은 가정에서나 학교에서 자유로운 분위기가 되어야 개발된다. 엉뚱한 짓을 해도 부모나 교사가 인정해주고 항상 격려를 해주면 창의력 개발이 가능하다.

‖ 아이의 마음은 변하고 있음(발달심리)을 기억하고 충분히 이해해 줄 때 존경받는 어머니가 된다. 특히 청소년기에는 독립하려는 마음에서 반항기가 오기 마련이다. 내면에 많은 고뇌가 있어서 이상한 행동을 할 때라도 어머니가 용서하며 친구처럼 말동무가 되어주면 그들에게 힘이 된다. 미래에 꿈을 주며 위로하는 가운데 고뇌의 시기, 광풍의 시기를 잘 넘길 수 있다.

‖ 잘못했을 때에 그 행동은 나쁘지만 그의 인격을 모독해서는 안 된다. 부모는 자기가 생각하는 것보다 더 강한 말이 튀어나오기 쉽다. 무슨 말로 어떻게 언제 타이를 것인지를 분별하는 것이 중요하다. 프랑스인의 가정교육에서 "말의 리듬을 갖고 하라"는 문구를 본 일이 있다. 이미 프랑스 말은 음악적이지만 더 음악적으로 부드럽게 하라는 말인 것이다.

아이의 현재 행복에 지나치게 집착하지 말자. 아이들의 욕구를 다 들어주어야 한다는 생각은 잘못이다. 왜냐하면 우리 자녀들이 살아야 할 세상은 더 거칠고 험한 시대가 될지도 모른다. 인내심 없이는 자살하거나 도피할 생각을 하게 될 수도 있다. 육체적, 정신적 고통을 견디는 연습을 하도록 적당히 억제하는 연습이 필요하다. 미국에서 아이들이 넘어지면 일어나라고 재촉할지언정 일으켜주지 않는 것을 보게 된다. 일본 아이들은 정월, 이월에도 반바지를 교복으로 입히기도 한다. 정신적으로 육체적으로 강하게 양육해야 작지만 강한 국민이 될 수 있다. 또한 어머니 자신이 강하게 마음을 먹어야 강한 자식이 될 것이다.

협력하는 습관이 필요하다. 우리 민족의 약점은 개인은 우수하지만 단체는 약하다는 것이다. 개인주의로 키워서 협력할 줄을 모른다. 우리와 반대로 일본 사람은 대체로 단결심이 강하다. 유치원 교육을 보면 그들이 놀이를 할 때도 될 수 있는 한 협동해서 하도록 과정을 짜고 있다.

정성을 기울여야 된다. 화분 하나를 키워도 정성을 기울여야 꽃을 볼 수 있다. 자녀교육은 세상에 가장 귀하고 또 어려운 일이다. 잘 길러보려는 욕심은 있지만 그만한 정성을 들이지는 않는 경우를 종종 본다. 그 아이의 성품 형성 바탕이 되는 유아기 때부터 그 아이의 처지에서 그가 어떤 경험을 하고 어떤 느낌을 갖겠는지를 생각해보는 지혜와 지식이 필요하다. 어머니의 구실은 세상에서 가장 아름답고 크고 중한 천직일 것이다. 유대인들은 자녀를 낳아 기르기 위해 세상에 왔다고 생각하고 있다. 하나님의 백성을 낳아 길러서 하나님의 백성으로 이어가게 한다는 그 특권을 가장 소중한 사명이라고 생각한다. 우리나라 어머니들 역시 작은 나라지만 강한 정신적, 영적 지도자들의 나라로 만들고자 꿈을 갖고 살아야 하겠다. 큰 소망을 지니고 새로운 마음으로 자녀교육에 최선을 다하는 날 우리 한국은 바르고 강한 국민으로 변화가 시작되는 것이다.

주선애 _ 장로회신학대학을 졸업하고 뉴욕 성서신학대학원에서 종교교육 석사를 받고 뉴욕 대학교 대학원에서 박사과정을 이수했다. 장로회신학대학 교수와 대한예수교 장로회 여전도회 전국연합회 회장, 대한 YWCA 연합회 회장, 대한예수교 장로회 교육부 교육과정 위원장을 지냈으며, 지금은 장로회신학대학교 명예교수이며 대한 YWCA연합회 복지재단 이사장을 맡고 있다. 주요 저서로는 《어린이 성장의 이해》, 《예수교 장로회 교육부 교육과정 지침서》, 《복음의 삶》(성서연구 교재), 《장로교 여성사》 등이 있다.

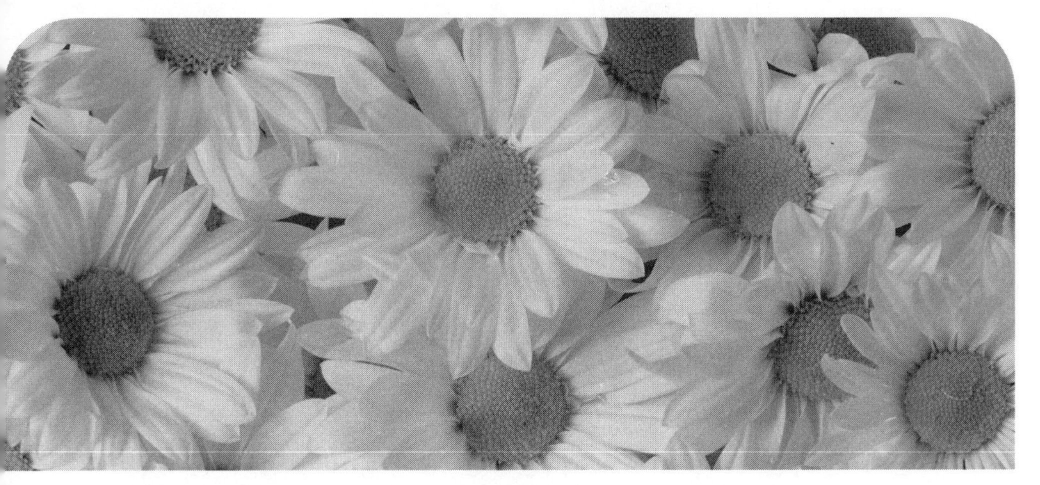

청소년 자녀와
효과적인 대화 나누기

이 혜 성 한국청소년상담원 원장

1. 청소년 1기의 일반적인 특징

흔히 청소년기를 질풍노도의 시기라고 한다. 이는 청소년기가 아동기에서 성인기로 옮아가는 과도기로서, 혼란과 불안을 경험하는 시기라는 것을 나타내는 말이라고 할 수 있다. 청소년이 된다는 것은 아동기의 안정된 상태에서 벗어나 불확실한 미지의 세계로 떠나는 것을 의미한다.

청소년기는 여러 부문에서 급격한 변화가 일어나는 시기이다. 이러한 급격한 변화의 생물학적인 원인은 성호르몬의 분비에서 찾을 수 있다. 청소년기 또는 사춘기를 대표하는 특징인 2차 성징들은 모두 이와 같은 성호르몬의 영향을 받은 결과이다. 대부분의 청소년들은 자신의 몸에서 일어나는 변화를 받아들이는 데 상당한 어려움을 겪으며, 새로운 자기 모습을 받아들이기까지 많은 혼란과 방황을 경험하게 된다. 그런데 여기서 중요한 것은, 이런 청소년기의 혼란과 방황이 발달과정상의 한 부분이라는 점과, 왜 그런 행동을 하는지에 대해 당사자인 청소년 본인도 명쾌한 설명을 할 수 없다는 점이다. 한마디로 말해서 청소년들은 '내가 왜 이러는지 몰라' 하는 답답한 심정으로 좌충우돌하는 것이다.

신체적 변화와 관련된 특징 이외에 청소년기에 나타나는 인지적 특징으로서 '자아중심성'을 들 수 있다. 청소년들은 자신이 중요하고 가치롭다고 생각하는 관념의 세계와 타인의 관념을 구분하지 못하며, 자신에게만 독특한 세계가 존재한다고 생각한다. 즉, 자신이 세상의 중심이라고 믿을 만큼 강한 자의식을 보이게 되는데, 이를 가리켜 '청소년기 자아중심성'이라고 한다. 이러한 자아중심성은 대개 11~12살 무렵에 시작되어, 15~16살 무렵에 정점을 이루다가 성인기에 접어들면서 서서히 사라지게 된다.

청소년기의 자아중심성은 아래의 두 가지 특성을 갖는다.

(1) 개인적 우화

'개인적 우화'(personal fable)는 청소년이 자신은 특별하고 독특한 존재이므로 자신의 감정이나 경험세계는 다른 사람들과 근본적으로 다르다고 믿는 청소년기 자아중심성의 형태이다. 청소년들은 자신의 우정, 사랑 등은 다른 사람이 결코 경험하지 못하는 것으로 생각하며, 다른 사람이 경험하는 죽음, 위험, 위기가 자기에게는 일어나지 않으며, 혹시 일어나더라도 피해를 입지 않을 것이라고 확신한다. 개인적 우화는 이처럼 청소년기 자기존재의 독특성에 대한 비합리적이고 허구적인 관념을 가리키는 것이다.

개인적 우화는 청소년들에게 자신감과 위안을 주는 측면도 있으나, 심해지면 자신 존재의 영속성과 불멸성을 믿게 되면서 과격한 행동에 빠져들게 될 위험이 있다. 청소년들이 흔히 음주, 폭력 등 파괴적인 행동을 저지르는 것은 자신이 특별한 존재이므로 그러한 행동이 가져다 줄 부정적 결과는 다른 사람에게 해당되는 것이지 자신의 몫이 아니라고 생각하는 개인적 우화에 사로잡혀 있기 때문이다.

한편 개인적 우화는 이 시기의 긍정적인 특성과도 관련이 있다. 청소년들은 자신의 세대는 기성 세대가 갖지 못한 능력과 가능성을 갖고 있다고 믿으며 이를 행동으로 옮긴다. 환경운동, 장애인 돕기, 봉사활동 등에 청소년들이 적극적으로 참여하는 것은 이러한 이유에서이다.

개인적 우화는 청소년들의 자기과신에서 비롯되는 것이기 때문에 개인적 우화 정도가 높은 청소년은 자의식과 자신에 대한 관심이 지나치게 높아서 다른 사람과의 관계에서 어려움을 겪을 수 있지만, 현실검증 능력이 생기면서 자신과 타인의 실체를 객관적으로 인식하게 되면 서서히 사라지게 된다.

(2) 상상 속의 청중

'상상 속의 청중'(imaginary audience) 또한 청소년기의 과장

된 자의식으로 말미암아 자신이 타인의 집중적인 관심과 주목의 대상이 되고 있다고 믿는 청소년기 자아중심성의 형태이다. 청소년들은 '상상속의 청중'을 즐겁게 하기 위해 많은 힘을 들이며, 타인이 눈치채지도 못하는 작은 실수로 번민하게 된다. 또 '상상속의 청중'이 자신의 위신을 손상시킨다고 생각되면 작은 비난에도 심한 분노를 보이기도 한다.

청소년들의 '상상 속의 청중'의식 정도를 조사한 바에 따르면, 중학교 2학년에서 가장 높게 나타났다가 서서히 감소하는 것이 일반적인 현상이나, 과도한 자의식을 가진 사람 가운데는 성인기에도 이런 특성을 보이는 것으로 나타났다.

'상상 속의 청중'의식이 높은 청소년은 부정적 자아 개념을 갖는 경향이 높으며, 자아존중감이 낮은 것으로 알려져 있다. 또 '상상 속의 청중'은 사람을 대하는 과정에서 신경과민 등 사회적 기술상의 문제에도 영향을 미치는 것으로 보고되고 있다.

우리나라 청소년들의 자아중심성을 다른 나라 청소년들과 비교해보면, 서구의 청소년들이 15~16살 무렵에 자아중심성에서 벗어나는 데 견주어 우리나라 청소년들은 대학교 1학년 시기까지도 높은 수준의 자아중심성에서 벗어나지 못하는 것으로 나타났다. 이런 결과는 우리나라 청소년들이 중고등학교 시기 동안 적절한 대인관계 경험을 갖지 못하며, 자아정체감의 탐색이 불충분한 데서 말미암은 것으로 보인다.

한편, 부모와 수용적인 애정관계를 유지하고 인정과 사랑을 받고 있다고 자각하는 청소년은 자아중심성이 낮은 반면에, 부모로부터 지나친 통제와 구속을 받거나 방임상태로 버려져 있다고 생각하는 청소년의 경우 자아중심성이 높았다는 점은 시사하는 바가 크다.

이상과 같은 청소년기의 특성들은 결국 '나는 누구인가?'라는 물음으로 귀결된다. 청소년들은 이제까지 당연하게 받아들였던 모든 것들을 의심하고 새로운 시각에서 보기 시작한다. 그래서 이 세상에서 가장 훌륭한 사람이라고 생각했던 부모가 사실은 그렇지 않다고 생각하고 또 실망하게 된다. 그리고 새로운 우상을 찾아 나선다. 그리고 어느 집단에 소속하느냐가 중요한 문제가 된다. 그래서 청소년들은 부모나 선생님의 말보다 또래 친구들의 말을 더 잘 듣게 되는 것이다.

2. 청소년기 부모-자녀 관계

자녀가 청소년기에 접어든다는 것은 본인뿐만 아니라 부모에게도 많은 어려움을 예고하는 것이다. 부모가 자녀를 기르면서 어느 한 시기 힘들지 않은 시기가 없겠지만, 그 가운데서도 가장 힘든 시기를 고르라고 한다면 아마도 많은 사람들이 자녀의 청소년기가 가장 힘들었다고 할 것이다. 그것은 아동기의 부모-자녀 관계와 청소년기의 부모-자녀 관계가 근본적으로 다른 성격을 가지기 때문이다.

이제 까지 많은 학자들은 청소년기의 부모-자녀 관계를 다음과 같은 관점에서 보아왔다.

첫째, 청소년기는 아동기까지 지속되던 부모에 대한 의존과 동일시에서 벗어나 자율성과 책임감을 획득해야 하는 시기로 보았다. 흔히 이 시기를 심리적 이유기로 부르는 것은 이러한 이유에서이다.

둘째, 청소년기 부모-자녀 관계는 갈등을 수반하며, 이러한 갈등은 청소년기 발달에 바람직하지 못한 영향을 미친다는 것이다. 청소년기의 바람직하지 못한 갈등은 부모로부터 독립하려는 청소년들의 욕구와 성급한 자율의 욕구를 인정하지 않으려는 부모들의 상반된 욕구 사이에서 나타나는 필연적인 결과이다. 부모들은 자율적인 판단과 의사결정 능력을 갖기에는 청소년 자녀의 지식이나 경험이 지나치게 한정적이라고 생각하는 반면에 청소년 자녀는 자신이 충분히 그러한 능력을 가졌다고 믿는 것이다. 따라서 청소년기의 부모-자녀 관계는 필연적으로 갈등과 단절을 전제로 한다고 보는 것이다.

그러나 더 최근의 연구들은 청소년기 부모-자녀 관계에 대해 다른 관점들을 제시하고 있다.

첫째, 청소년기는 모든 영역에서 반드시 부모로부터 독립과 자율성을 획득해야 하는 시기가 아니라 부모와 안정된 애착 관계를 유지하며, 의사결정 능력이 부족한 분야에서는 부모로부터 계속적인 조언을 받는 것이 도움이 되는 시기라는 것이다. 특히 청소년기에 부모에 대한 애착은 사회적 유능성, 정서적 적응, 자아존중감, 신체적 건강 등 여러 측면에서 청소년의 행복한 삶을 촉진하는 요인으로 밝혀지고 있다.

둘째, 청소년기 부모-자녀 사이에 나타나는 갈등은 청소년들의 심리적 발달에 긍정적인 영향을 미친다는 사실이다. 청소년기 부모-자녀 사이의 갈등은 귀가 시간, 옷차림, 자기 방 정리 등 사소한 문제를 둘러싸고 나타나는 것이 대부분이다. 이러한 갈등은 10대 초반에 나타나, 고등학교 시기 동안 지속되다가, 20살 무렵에 감소한다.

청소년들이 부모-자녀 사이의 갈등을 해결하기 위해 노력하는 것은 부모로부터 독립하여 성인으로 이행하는 과정을 촉진시키는 힘이 된다. 실제로 부모와 다소 갈등이 있다고 보고하는 청소년들이 갈등이 없다고 보고하는 청소년들보다 적극적으로 자아정체감을 탐색하고 있음을 보여주는 연구도 있다.

이와 같은 관점의 변화는 청소년기 부모-자녀관계에서 흔히 발생하는 갈등상황에 대해 더 여유 있는 태도를 가질 수 있게 해준다. 즉, 청소년 자녀와 갈등은 있어서는 안 되는 것이 아니라, 얼마든지 있을 수 있는 것이며, 더 중요한 것은 그와 같은 갈등을 어떻게 해결하고 그 과정에서 무엇을 배우느냐인 것이다.

3. 바람직한 부모 구실과 효과적인 대화법

자녀가 아동기일 때의 부모-자녀 관계가 부모가 주도권을 가진 수직적 관계라면, 자녀가 청소년기일 때의 부모-자녀 관계는 서로가 대등한 처지에서 상호작용하는 수평적 관계라고 할 수 있다. 부모-자녀 관계가 수직적일 때 부모의 구실은 자녀를 돌보고 훈육하며 학습을 도와주는 데 초점이 맞춰진다. 이 시기의 부모는 일관성 있는 태도를 유지함으로써 부모의 권위를 세우는 것이 중요하다. 그러나 자녀가 성장하여 청소년기에 접어들면 부모의 구실은 자녀를 존중해주고 지지해주는 상담자 구실로 바뀌게 된다. 따라서 이 시기의 부모는 자녀와 원활한 의사소통이 가장 중요하게 된다.

　그러나 청소년기 자녀와 의사소통 즉 대화가 원활히 이루어
진다는 부모를 만나기는 매우 어렵다. 오히려 자녀가 청소년기
에 접어들면서 대화하기가 어렵다고 하는 부모들이 많다. 정작
대화가 중요한 시기에 대화가 안 된다는 것이다. 왜 이런 일이
생길까? 그것은 부모들이 자녀가 청소년기에 접어들면 부모의
구실도 바뀌어야 한다는 사실을 모르거나, 알면서도 받아들이
지 않은 채, 어린애를 대하듯이 자녀를 대하기 때문이다.

　그럼 청소년기 자녀와 효과적인 대화를 하기 위해서 부모는
어떤 태도를 가져야 하는지, 몇 가지 기본 원리를 살펴보기로
한다.

(1) 자녀가 하는 말을 끝까지 잘 듣는다

　모든 대화는 말하는 사람과 듣는 사람이 있어야 가능하다.
둘 다 말하려고만 하면 그것은 대화가 아니고 언쟁이 된다. 자
녀가 설사 나와 다른 생각을 이야기하더라도 일단은 끝까지 듣
는 태도를 가져야 한다. 나와 생각이 다르다고 해서 한마디로
묵살해버리고 내 생각만을 늘어놓는다면 진정한 의미의 대화
는 성립할 수 없는 것이다.

　듣는 것은 가장 소극적인 대화방법인 동시에 가장 적극적인
대화방법이다. 누군가 내 이야기를 끝까지 진지하게 들어줄 때

내 기분이 어떨지 상상해보면 이 말의 의미를 잘 알 것이다. 내가 어려움에 처했거나 마음이 울적할 때, 주로 누구한테 전화를 하는가? 나보다 잘난 사람도 아니고, 말 잘하는 사람도 아닐 것이다. 대부분 나와 처지가 비슷하면서 내 이야기를 잘 들어주는 사람일 것이다. 그들은 나한테 특별한 해결책을 제시해주지 못하는 경우가 대부분이지만 다른 누구도 해주지 못하는 위로와 마음의 안정을 제공해준다. 자녀들이라고 왜 그런 사람이 없겠는가? 부모가 그 구실을 못 해줄 때 자녀는 집밖으로 나갈 수밖에 없는 것이다. 자녀가 부모는 피하면서 친구하고만 붙어 지내는 것이 걱정이라면 무엇보다 먼저 자녀의 말을 얼마나 잘 들어주었는지 반성해볼 필요가 있다.

(2) 자녀의 말을 귀로 듣지 말고, 가슴으로 들어라

사람이 하는 말 속에는 객관적인 정보와 함께 말하는 사람의 감정이 담겨 있는 경우가 대부분이다. 집에 늦게 들어오는 남편에게 아내가 "지금 몇 시예요?"라고 물었다면 그것은 시간을 몰라서 물어보는 말이 아니다. 그 말 속에 '내가 이렇게 기다리는데 그것도 모르고 왜 이렇게 늦게 들어오는거야?'라는 화난 감정이 담겨 있다는 것은 누구나 쉽게 짐작할 수 있다. 그런데 이것을 눈치채지 못하고 "응, 지금 12시 30분이야"라고 대답하는 사람이 있다면 그 사람은 상대방의 감정을 읽는데 너무나 둔한 사람이라고 할 수 있다.

자녀도 감정이 있고, 그 감정을 어떤 식으로든 표현한다. 그리고 그 감정을 알아주는 사람에게 더 깊은 이야기를 하게 마련이다. 예를 들어, 학교에서 돌아온 자녀가 "나 인제 학교 안 가!"라고 말했다고 치자. 이 상황에서 그 아이에게 필요한 것은 학교를 안 갔을 때 벌어질 일에 대해 논리적으로 설명해주는 조언자가 아니고, 그런 말을 하기까지 자기가 경험한 사건과 그로 말미암은 분노 혹은 좌절을 알아주고 위로해주는 사람인 것이다. "그래도 학교는 가야 한단다"라는 말은 조금 뒤에 해도 괜찮다. 지금 이 순간에 부모는 "오늘 학교에서 무슨 일 있었니? 어째 기분이 안 좋은 것 같구나. 네가 그런 말을 하는 것을 보니 화가 단단히 난 것 같은데, 무슨 억울한 일이라도 있었니?"와 같은 말로 아이의 가슴속에 소용돌이치고 있는 감정의 덩어리를 끌어내는 구실을 해야 하는 것이다. 그래서 아이가 자초지종을 이야기하면 아이의 처지에서(부모의 처지가 아니라) 그 기분을 이해해준다. "네 이야기를 듣고 보니, 나라도 화가 날만 하겠다." 여기까지만 잘 해도 대개의 자녀들은 우리 부모와는 대화가 통한다고 느낀다. 그런데 자녀가 하는 말이 항상 옳을 수는 없지 않은가? 어떤 때는 자기 생각에만 빠져서 자기가 잘못하고도 남을 비난할 수도 있고, 또 어떤 때는 자기 할일을 안 하고 변명만 늘어놓을 수도 있지 않은가? 이럴 때도 무조건 '네가 옳다'고 해야 하나? 물론 그건 아니다. '네가 틀렸'다는 말을 분명히 하기 위해서라도 먼저 자녀의 처지에서 이해해보라는 것이다. 그리고 그 다음에 "그런데, 엄마 생각에는 이러이러한 점은 네가 미처 생각하지 못한 것 같은데, 네 생각은 어떠니?" "엄마 생각에는 이게 더 바람직할 것 같은데, 너는 어떻게 생각하니?" "글세, 엄마는 너와 생각이 좀 다른데, 한번 더 생각해볼 수 있겠니? 엄마도 틀릴 수 있으니까 다시 생각해보마"와 같은 말들로 자녀와 생각의 차이가 있음을 밝힌다면 훨씬 건설적인 대화를 이어갈 수 있을 것이다.

(3) 부모가 결론이나 해답을 제시해야 된다는 생각에서 벗어나라

자녀와 대화할 때 항상 '유익한 결론'이 나와야만 '생산적인 대화'를 했다고 생각하는 부모들이 있다. 이런 부모들은 대화를 통해 자녀가 뭔가 '교훈'을 얻고 '변화'하기를 기대하며, 그것을 확인하려고 한다. 또 자녀의 고민에 대해 부모는 마땅히 현명한 해결책을 제시해야 한다는 강박관념을 가지고 있다. 이런 부모들은 자녀를 존중하는 척 하면서 자녀가 부모에게 존경과 감동을 표현하기를 은근히 강요하는 경우가 많다. 이런 부모들은 자녀가 어렸을 때 "엄마는 어떻게 그런 걸 다 알아? 우리 엄마가 최고야"라고 하던 말을 끝까지 듣고 싶어하는 것이라고 볼 수 있다. 이런 부모들 앞에서 자녀는 가식적이 될 수밖에 없다. 왜냐하면 자신이 원하는 대답이 나올 때까지 집요하게 설득하고 타이를 것이기 때문이다.

자녀와 대화를 효과적으로 잘 하려면 '무엇을 위한 대화' 즉, 수단으로서의 대화가 아니라, 대화 자체를 즐기는 대화, 대화 자체가 목적인 대화가 있어야 하는 것이다. 자녀가 건전한 가치관을 갖는다든지 갈등에서 벗어날 수 있는 해결책을 찾는다든지 하는 것은 대화의 목적이 아니라, 대화의 결과로 얻어지는 것이라고 뒤집어서 생각해볼 필요가 있는 것이다.

(4) 부모도 자신의 감정을 솔직하게 인정하고 분명하게 표현한다

부모도 인간이다. 인간인 이상 화가 날 때도 있고, 우울할 때도 있다. 그런데 많은 부모들이 자신의 부정적인 감정을 인정하지 않으려 한다. 밖에서 안 좋은 일이 있어서 짜증이 나 있으면서도 자녀 앞에서는 아무 일 없는 것처럼 의연해야 된다고 생각한다. 끝까지 그렇게 할 수 있으면 사실 문제될 것은 없다. 그런데 그런 상태에서는 얼마 못 가서 일이 터지게 되어 있다. 부모가 지금 어떤 기분인지도 모르고 아이가 계속 짓궂은 장난을 하거나, 옷을 사야 하니 돈을 달라고 떼를 쓰거나 할 때, 끝까지 참을 수 있는 부모는 많지 않을 것이다. 아마도 이렇게 소리를 지를 것이다. "내가 몇 번을 말해야 알아들어? 지금 네가 그럴 때야? 너는 도대체 생각이 있는 애니, 없는 애니?" 이런 상태에서는 말을 하면 할수록 화가 더 나게 되어 있다. 그래서 정작 아이하고는 아무 상관없는 이야기를 꺼내거나, 옛날에 있었던 일까지 끄집어내서 엉뚱한 분풀이를 하기가 쉽다. 그래 놓고 조금 미안하다 싶으면 "다 너 잘 되라고 하는 소리야. 엄마 말 들어서 손해보는 것 봤어? 제발 말 좀 들어, 이것아!"라고 마무리하기가 쉽다. 자신이 화를 낸 것은 다 자녀 때문이고 그래서 너는 싫은 소리를 들어도 마땅하다는 것이다. 그러나 솔직히 말해서 자녀가 그렇게까지 잘못한 것일까? 잘못한 것이 있다면 부모가 얼마나 심기가 불편한지를 미리 눈치채지 못한 것밖에는 없다. 부모는 자신이 말하지 않아도 자녀가 알아서 눈치껏 맞춰주기를 기대한 것이다. 그것을 잘 하는 자녀는 착하고 예쁘고 대화가 되는 아이고, 그것을 못 하는 아이는 말썽꾸러기에 대화도 안 되는 아이인 것이다. 그러나 이것은 절대군주에게나 어울리는 태도이다. 부모가 이런 태도를 가지고 있으면 자녀들은 알아서 기거나, '나도 성깔 있다'고 외치거나 둘 가운데 하나가 되기 쉽다.

피곤하고 짜증나고 우울할 때는, 그 기분이 진정될 때까지 잠시 혼자 있는 것이 좋다. 그래도 안 될 때는 솔직하게 "지금 내가 이러이러한 일로 기분이 이러하니, 너희들이 나를 이해해 줬으면 좋겠다"고 말하는 것이 바람직하다. 처음에는 어색하겠지만 몇 번 해보면 부모와 자녀 모두 편해질 수 있고, 서로를 더 잘 이해할 수 있는 길이 열리게 된다.

이상은 부모-자녀 사이의 원활한 대화를 위해 부모들이 지켜야할 기본 태도를 정리한 것이다. 부모가 이런 태도를 유지할 때 자녀는 자신이 존중받는다고 느낄 것이며, 자기의 일에 대해 자발성과 책임감을 갖게 될 것이다. 청소년 자녀에게 가장 필요한 부모는 상담자와 같이 자녀를 있는 그대로 존중해주고 그 마음을 읽어주는 부모라는 사실을 잊지 말아야겠다.

이혜성 _ 서울대학교 국어교육과를 졸업하고 미국 Fitchburg State College에서 상담과 생활지도로 교육학 석사, 미국 버지니아 대학교에서 상담자 교육으로 교육학 박사학위를 취득했다. 서울여대 교육심리학과 교수, 이화여대 심리학과 교수, (사)한국심리학회 산하 상담 및 심리치료학회 회장, 한국카운셀러협회 회장을 역임했고, 주요 저서로는 《존재의 심리학》(역서), 《성장심리학》(역서), 《다섯 명의 치료자와 한 명의 내담자》(역서), 《여성 상담》, 《사랑하자 그러므로 사랑하자》(수필집) 등이 있으며 논문으로는 〈카운셀러의 전문적 훈련체계〉, 〈성공과 역할 갈등〉 등이 있다. 현재 학교법인 이화학원 재단이사, 청소년보호위원회 중앙위원, 간행물윤리위원회 부위원장, 한국청소년상담원 원장으로 일하고 있다.

건강한 가정
행복한 가정 만들기

강 학 중 가정경영연구소 소장

1. 한국 가족의 모습

‘가정’, ‘가족’ 하면 어떤 느낌이 드는지를 물으면 많은 사람들이 ‘따뜻함’, ‘영원한 안식처’, ‘끝까지 내 편이 되어 줄 사람’이라는 이미지를 얘기하곤 한다. 하물며, 가족에게 따뜻한 정을 받지 못하고 가정폭력에 시달리며 성장한 구치소의 재소자들에게 ‘가정’, ‘가족’의 이미지를 물어보아도 따뜻하고 행복하며 자신이 쉴 곳이라고 말한다.

하지만, 정말 모든 가족이 행복할까?

주위를 둘러보면, 가정 없는 가족, 가족 없는 가정이 너무 많다. 홀로 된 아버지를 월세방에 방치하여 굶어 죽게 만든 자녀, 자녀를 성폭행한 부모 등, 모든 가정이 결코 행복하지는 않다.

행복한 가정은 저절로 굴러들어오는 것이 아니다.

여러분 가정은 안녕한지, 현재 여러분 가정이 안녕하다고 하여도, 10년, 20년, 30년 뒤에도 안녕을 보장할 수 있을까?

행복한 가정을 만들기 위해서는 물주고 거름주고 잘 가꾸는 노력이 필요하다.

2. 사회의 변화, 가족의 변화

예전에는 선풍기 하나만 있어도 부자였고, 전화 한 대만 있어도 부자였다. 무선전화와 핸드폰, 내 자가용을 갖는다는 것은 상상하기조차 어려웠다. 하지만 요즘은 화면을 보면서 얘기도 하고, 인터넷을 통해 이메일도 보내고, 핸드폰으로 사진도 찍고 문자도 보내며 게임도 하고 있다.

또 예전에는 신혼여행지로 제주도, 설악산, 동래 온천을 꼽았지만, 요즘은 비행기를 타고 해외여행을 한다.

이렇듯 기술이 발전하고 사회가 변하면서 가정과 가족도 변화되고 있다.

(1) 소가족, 핵가족화

3, 4세대가 모여사는 대가족에서 부모, 자녀가 모여사는 핵가족의 형태로 바뀌었다.

(2) 초혼 연령의 상승

2001년 우리나라 초혼 평균 연령은 남성이 29.6세, 여성이 26.8세였지만 2003년에는 남성이 30.1세, 여성은 27.3세로 초혼 연령이 상승하였다.

(3) 출산율 저하

2003년 출산율이 1.19명으로 세계 최저이다.

(4) 이혼 증가

2003년 통계청 자료에 따르면 총 혼인건수 가운데 총 이혼 건수가 차지하는 비율이 54.8%였다. 이 통계치가 작년에 결혼한 사람 54.8%가 작년에 이혼했다는 의미는 아니지만, 2001년 42%, 2002년 47%에서 2003년 54.8%로 이혼이 급격히 증가함을 나타내고 있다.

또한 이혼이 모든 연령층에서 나타나고 있어 그 대책이 시급한 실정이다. 결혼한지 얼마 안 되어 이혼하는 부부를 비롯하여, 자녀들이 부모의 도움을 한창 필요로 하는 시기의 중년 이혼, 그리고 황혼이혼까지 모든 연령층에서 이혼하는 모습을 볼 수 있다.

(5) 가족 가치관의 변화

결혼관, 자녀관, 이혼관, 동거, 독신에 대한 생각 그리고 효에 대한 가치관도 변화하였다. 예전에는 장남이 부모를 한 지붕 아래에서 모셔야 '효'라고 생각을 했는데, 이제는 꼭 장남이 아니더라도 형편이 되는 자녀가 모시고, 또한 한 지붕 아래에서 같이 사는게 부담이 되면 따로 떨어져서 살 수도 있다고 생각하는 사람이 많아졌다. 성역할에 대한 가치관도 변화되어, 남자는 바깥일, 여자는 집안일이라는 이분법적인 사고에서 벗어났다. 따라서 요즈음에는 부모가 함께 자녀를 양육하고 맞벌이하는 경우가 증가하였다.

(b) 다양한 가족 형태의 출현

동거 가족, 독신 가족, 재혼 가족, 한부모 가족, 무자녀 가족, 분거 가족, 맞벌이 가족, 입양 가족, 공동체 가족, 동성애 가족 등 가족 형태가 다양화되었다.

사회가 변화되면서 가족 또한 변화하였다. 그래서 더욱 더 변화 경영, 가정경영의 지혜가 필요하다.

3. 행복하고 건강한 가족이란?

행복하고 건강한 가족이란 어떤 가족일까?

① 사랑과 믿음, 칭찬과 격려, 배려와 용서가 있는 가족
가족 사이의 끈끈한 가족애가 있으며, 칭찬과 격려를 아끼

지 않고, 따뜻하게 서로를 이해하며 용서하는 가족이다.

② 대화가 있는 가족

대화가 있고 의사소통이 되는 가족이다.

③ 함께하는 가족

함께 취미생활을 즐기고 함께 운동하며 여행도 함께 즐기는, '공유'(togetherness)하는 가족이다.

④ 문제해결 능력

어느 가족에나 문제와 갈등은 있기 마련인데, 그 문제의 양이나 종류는 크게 다르지 않다. 하지만, 문제해결 능력은 각 가족마다 판이하게 다를 것이다. 문제해결 능력이 있는 가족이 바로 행복한 가족이다.

⑤ 공통의 가치관

⑥ 신앙

⑦ 웃음

행복하고 건강한 가족의 모습을 구체적으로 부부가 함께 그려 보자.

행복하고 건강한 가족의 모습을 부부가 공유하자.

과녁과 타깃이 있어야 사격 선수와 양궁 선수가 명중을 시킬 수 있듯이, 목표가 있어야 그 목표를 향해 나아가는 것이다.

가족이 꿈꾸는 행복하고 건강한 가족의 모습을 그려보고, 그 목표를 향해 나아가도록 하자.

4. 부부농사

'부부'를 무엇이라고 말할 수 있을까?

부부는 그 어떤 인간관계보다 지속적이고 은밀한 관계, 동시대를 같이 살아나가는 친구가 아닌가 한다.

50, 60세 때 많은 여성들이 자녀를 출가시키며, 여성 평균수명은 이미 80세를 넘었다. 이는 자녀없이 부부만이 살아야 할 시간이 예전보다 늘어났다는 것을 말해준다. 자녀를 결혼시킨 부부가 20, 30년 동안 노후를 같이 보내야 한다.

자식농사라는 말이 있지만, 행복한 가정을 꾸리기 위해서는 부부농사가 선행되어야 한다.

젊었을 때 부부농사를 잘 지어놓지 않으면, 두 부부를 이어주던 자녀가 떠난 노후에 행복해지기가 어렵다. 노후의 행복을 위해서라도 우리가 지어온 부부농사가 풍년인지, 흉년인지, 평년작인지 결산해보는 것이 필요하다.

부부는 가정의 핵이자 기둥이요, 출발점이다. 자녀를 잘 키우기 위해서라도 부부농사를 잘 지어야 한다. 자녀를 나무에 비유하면 나무가 잘 자라기 위해서는 물과 햇빛, 공기, 튼튼한 뿌리, 기름진 토양이 필요하다. 부부는 자식을 위해 필요한 물, 햇빛, 공기, 튼튼한 뿌리, 기름진 토양인 것이다. 즉, 부부가 만드는 사랑의 온기가 바로 자식을 잘 자라게 하는 환경이자 토양인 것이다. 자녀에게 좋은 것을 먹이고 입히고 용돈을 듬뿍 듬뿍 주는 것보다 부모가 화목하게 사랑하며 사는 모습을 보여주는 것이 최고의 선물이다.

서로 존중하고 사랑하며 사는 부부가 그렇지 못한 부부보다 4.3년을 더 오래 살고, 질병에 걸릴 확률이 적다는 연구 결과가 있듯이, 부부농사를 잘 지어야 한다.

지나치게 자녀 중심으로 살지 말고 부부만의 시간을 가지는 것이 좋다. 젊었을 때 대화의 시간을 갖고 함께 취미활동을 즐기며 부부애를 다지는 것이 행복한 노후생활을 위한 일종의 보험이 되는 것이다.

'부부싸움은 칼로 물베기'라는 말이 있는데 서울시 소방 방재본부의 통계에 따르면, 부부싸움으로 소방관이 출동한 횟수가 1년에 1,200여 건이 넘는다고 한다. 부부싸움을 하다가 자해, 폭력을 행사하고 살인, 이혼에까지 이르는 부부를 볼 수 있다.

부부싸움을 단 한번도 하지 않은 부부는 드물 것이다. 부부싸움을 안 할 수 없는 거라면, 어떻게 해야 효과적으로 싸움을 할 수 있을까?

　부부싸움을 건설적으로, 효과적으로 하면 배우자를 이해하는 데도 도움이 되며, 문제해결에도 도움이 된다. 부부싸움을 할 때, 유념해야 할 것들을 정리해 보았다.

부부싸움 10계명

① 때리지 말자

② 부수지 말자

③ 집 나가지 말자

④ 아이들 앞에서 싸우지 말자

⑤ 문제가 된 것만 얘기하자

⑥ 브레이크를 준비하자

⑦ 인격적인 모독을 하지 말자

⑧ 싸웠더라도 잠자리는 함께 하자

⑨ 복수하지 말자

⑩ 제 3자를 끌어들이지 말자

　위와 같은 부부싸움 원칙을 정하고, 원칙을 지키도록 노력한다면, 파국으로 치닫는 부부싸움을 예방할 수 있을 것이다.

5. 자식농사

자녀는 부모들이 이야기한대로 자라는 것이 아니라, 부모를 보면서 성장한다. 서로 존중하고 사랑하는 부부 밑에서 자란 자녀라면, 탈선할 확률은 아주 적다.

① 믿고 버리고 기다리기

자녀를 믿고 비현실적 기대를 버리고 기다려줘야 한다.

특히, 부모들은 자녀에게 비현실적 기대를 가지고 있는데 그 기대로 말미암아 자녀들이 부담을 느껴 부모 자녀 사이의 거리가 멀어지고 탈선의 길로 빠지는 경우도 있으니 조심해야 한다. 우리 아이는 우등생이 될 것이며, 좋은 대학에 진학하고, 좋은 배우자를 얻고, 나쁜 행동은 결코 하지 않을 것이라는 기대를 버리자. 더불어 자녀에게 실망감과 배신감을 느낄 준비를 하면서 언제든지 자녀들을 도울 수 있는 든든한 부모로서 팀워크를 다지기 바란다.

② 돈

자녀에게 '돈'을 가르치자. '어떻게 하면 돈을 잘 벌 수 있을까'에 초점을 맞추는 것이 아니라 돈에 대한 올바른 가치관을 심어주도록 노력해야 한다.

부모들은 자녀에게 '만족지연'을 가르쳐야 한다. 아이들 욕구를 즉각적으로 충족시켜주는 것이 아니라 참을성 있게 기다리는 기회를 주자. 예전에는 밥을 먹기 위해서도 뜸을 들여야 하고, 세수를 하려고 해도 물을 데워 뜨거운 물에 찬 물을 섞어서 해야 했다. 하지만 요즘 아이들은 냉장고 문만 열면 음식이 가득하고, 전화만 하면 음식을 배달해 주고, 수도꼭지만 틀면 바로바로 온수가 나오는 환경에서 자란다. 이렇듯 요즘 아이들은 기다리는 경험이 상대적으로 예전에 비해 적다. 부모들은 지금부터라도 아이들에게 참는 연습을 시켜줘야 한다. 자녀가 물건을 갖고 싶다고 하더라도 즉각적으로 사주지 말고 생일이나 어린이날, 크리스마스와 같은 명분이 있는 날까지 참게 한다거나 자신의 용돈을 보태서 사도록 도와주는 것이 좋다.

또한 물건을 구입할 때 알뜰하게 구매하는 모습도 보여줄 필요가 있다 . 여러 곳을 발품을 팔아가며 물건을 구입하는 부모의 모습을 보고 자연스레 현명한 소비생활에 대해 배울 것이다.

③ 일 가르치기

가정에서 자녀들이 할 수 있는 일을 시키고 일을 가르쳐야 한다.

가정에서 자녀들에게도 가사분담을 시켜야 한다. 유치원생이라도 할 수 있는 일이 있으며, 초등학생이라도 스스로 할 수 있는 일이 있기 때문이다. 먹여주고 재워주고 입혀주고 깨워주는 일방적인 보호 속에서 고마움을 모르고 자라는 이기적인 자녀로 키울 것이 아니라, 가족구성원으로서 책임과 의무를 다할 수 있도록 부모가 가르쳐 주어야 한다.

6. 대화

우리 문화는 안타깝게도 대화를 나누는 문화가 아니었다. 남성의 미덕은 침묵과 과묵이었고, 남편이 자신을 정말 사랑한다면 말을 안해도 알아서 해줘야 된다는 생각을 갖고 있는 여성도 있다. 하지만 대화 단절로 말미암아 많은 가족문제가 파생되는 것을 볼 수 있는데, 말이 통하고 대화가 있는 가족이야말로 정말 행복한 가족인 것이다.

여기서 대화의 기술을 몇 가지 소개하겠다.

① 적극적으로 귀 기울여 듣기(경청)

마음의 문을 열고 상대방의 말을 귀 기울여 듣는 것이 무엇보다 중요하다.

　② 대화 준비

　피곤하다, 바쁘다, 시간이 없다는 핑계를 대지 말고, 아무리 시간이 없더라도 가족 사이의 대화를 위해서는 일부러 대화할 수 있는 시간을 만들어야 하며, 대화의 주제 · 시간 · 장소를 미리 생각해 두는 자세가 필요하다.

　③ 표현(I-message)

　'너 때문에', '너가……' 대신에 '왜 내가 ……한지'에 대해 효과적으로 전달하는 '나 전달법'을 시도하자.

　④ 첫 마디의 법칙

　평가하고, 비난하고, 꾸짖고 나무라고 비교하는 말로 대화를 시작하는 것은 좋지 않다. 가볍게 칭찬하고 격려하는 말로 상대방의 마음을 읽어준 뒤, 부드럽게 자신의 얘기를 시작하는 것이 좋다.

　⑤ 상대방의 관심사

　내 관심사에 대해서만 얘기하지 말고, 상대방의 관심사에 대해서 물어보자. 자녀들의 처지(관점)에서, 배우자 처지(관점)에서 그들의 관심사를 물어본다면, 자연스레 대화는 시작될 것이다.

7. 공부

우리는 대학을 가기 위해서 많은 시간을 들여 공부를 한다. 또한 운전면허증을 따기 위해서도 공부를 하는데, 우리가 살면서 가장 중요한 부부가 되기 위한 공부, 부모가 되기 위한 공부는 하지 않고 있다.

건강하고 행복한 가정생활을 만들기 위해서는 다음과 같은 것들이 다 공부할 내용이다.

① 결혼과 부모됨의 의미
② 부모교육
③ 아내와 남편 역할
④ 어머니와 아버지 역할
⑤ 부부대화법
⑥ 중년기 위기
⑦ 고부 갈등

⑧ 시어머니, 시아버지 역할

⑨ 할머니, 할아버지 역할

⑩ 장인, 장모 역할

⑪ 은퇴 준비

⑫ 은퇴 후 부부관계 적응

⑬ 죽음에 대한 준비

자녀에게 무엇을 유산으로 남겨줄 것인지는 사람마다 다르겠지만, 돈이나 땅, 집보다 서로 존중하고 사랑하고 열심히, 정직하게 사는 모습을 보여주는 것이 최고의 유산이다.

행복한 가정은 저절로 굴러 들어오는게 결코 아니며, 지금 당장 내가 우리 가족을 위해 할 수 있는 일을 실천하는 일이 무엇보다 중요하다. 그리고 행복한 가정을 만들기 위해서는 물주고 거름주고 잘 가꾸는 노력과 끝까지 참고 기다리는 인내심이 무엇보다 필요하다.

강학중 _ 영국 옥스퍼드 브룩스 대학교에서 출판·경영학을 공부하고 핀란드 헬싱키 경제경영 대학원에서 MBA(경영학 석사)를 취득했으며, 경희대학교에서 가족학 전공, 박사과정을 수료했다. 눈높이 대교그룹에서 20년 동안 근무하며, (주)대교출판 대표이사, (주)대교 대표이사를 역임했다. 저서로는 〈새로운 가족학〉(공저)이 있으며 현재 가정경영연구소 소장으로서 경희대 아동·가족학과 겸임교수, 한국가족학회 이사, 한국가족복지학회 부회장을 맡고 있다.

부록
《이것만은 꼭 지킵시다》
- 50가지 약속

01. 언제나 정다운 인사를 나눕시다.

02. 예의 바르게 전화합시다.

03. 남에게 방해가 되지 않게 전화를 합시다.

04. 전화로 경제적 낭비를 하지 맙시다.

05. 다른 사람을 불쾌하게 하는 말을 하지 맙시다.

06. 적절한 호칭을 씁시다.

07. 남의 말을 진지하게 경청합시다.

08. "고맙습니다", "미안합니다"를 생활화합시다.

09. 도움이 필요한 사람을 도와줍시다.

10. 처음 만나는 사람도 밝은 표정으로 대합시다.

11. 줄을 바르게 섭시다.

12. 경기와 공연의 관람질서를 지킵시다.

13. 위급한 상황에서도 질서를 지킵시다.

14. 공공시설을 질서 있게 씁시다.

15. 길을 걸을 때는 통행규칙을 지킵시다.

16. 교통 신호를 지킵시다.

17. 다른 사람에게 방해가 되지 않게 길을 걸읍시다.

18. 대중교통의 승하차 질서를 지킵시다.

19. 안전 수칙을 지킵시다.

20. 물건을 안전하게 사용합시다.

21. 몸을 깨끗하게 합시다.

22. 옷차림을 단정하게 합시다.

23. 생활하는 곳을 청소합시다.

24. 쓰레기 분류 배출 규칙을 지킵시다.

25. 아무데나 침을 뱉거나 용변을 보지 맙시다.

26. 애완동물 사육규칙을 지킵시다.

27. 욕실을 깨끗하게 씁시다.

28. 공중목욕탕을 바르게 이용합시다.

29. 공중화장실을 깨끗하게 씁시다.

30. 공공장소를 깨끗하게 합시다.

31. 정직하게 말하고 행동합시다.

32. 컨닝(시험 부정 행위)을 하지 맙시다.

33. 불법 복제를 하지 맙시다.

34. 페어플레이를 합시다.

35. 허락 없이 남의 물건을 가져가지 맙시다.

36. 약속을 지킵시다.

37. 가족의 일원으로서 책임을 다합시다.

38. 학생으로서 책임을 다합시다.

39. 시민으로서 책임을 다합시다.

40. 책임 있는 네티즌이 됩시다.

[4][1]. 동식물을 보호합시다.

[4][2]. 물과 공기를 깨끗하게 보존합시다.

[4][3]. 모든 친구들을 똑같이 존중합시다.

[4][4]. 남녀를 동등하게 대우합시다.

[4][5]. 모든 직업을 존중합시다.

[4][6]. 장애인을 인격적으로 존중합시다.

[4][7]. 외국인을 존중하고 배려합시다.

[4][8]. 노약자와 장애인을 먼저 배려합시다.

[4][9]. 위급한 처지의 사람을 도웁시다.

[5][0]. 자원봉사에 참여합시다.

친절

친절이란 상대방의 처지를 배려하는 따뜻한 마음과 행동입니다. 즉, 정성스런 마음이 행동으로 표현된 것입니다. 친절한 사람은 다른 사람에게 해를 주지 않을 뿐만 아니라 남이 곤경에 처했을 때 적극적으로 도움을 줍니다. 친절한 행동을 하면 자신은 물론 주변 사람들 모두가 유쾌해집니다.

1) 친절한 인사

　①언제나 정다운 인사를 나눕시다.

2) 친절한 전화통화

　②예의 바르게 전화합시다.

　③남에게 방해가 되지 않게 전화를 합시다.

　④전화로 경제적 낭비를 하지 맙시다.

3) 친절한 언어생활

　⑤다른 사람을 불쾌하게 하는 말을 하지 맙시다.

　⑥적절한 호칭을 씁시다.

　⑦남의 말을 진지하게 경청합시다.

　⑧"고맙습니다", "미안합니다"를 생활화합시다.

4) 친절한 배려

　⑨도움이 필요한 사람을 도와줍시다.

　⑩처음 만나는 사람도 밝은 표정으로 대합시다.

언제나 정다운 인사를 나눕시다

인사는 사람들 사이의 기본적인 예의입니다. 그렇기 때문에 인사예절은 아주 중요합니다. 인사예절은 언제 어디서 누구를 만나느냐에 따라 달라집니다. 올바른 인사 습관을 기르도록 합시다.

■ 이것만은 꼭 지킵시다

➡ 집을 드나들 때 가족들에게 인사합시다.

➡ 거리에서 아는 사람을 만나면 먼저 인사하고 다시 만났을 때에는 가벼운 목례를 합시다.

➡ 어려운 일을 당한 사람에게는 위로의 인사를 건넵시다.

➡ 조용히 해야 하는 장소에서는 목례로 인사합시다.

➡ 화장실에서는 눈인사나 목례를 합시다.

■ 읽어보기

성호의 절하는 법

할아버지 제사에서 성호가 절할 차례가 되었습니다. 성호는 절을 몇 번 해야 할지 몰라 한번만 하고 나왔습니다. 이를 보신 아저씨께서는 성호에게 "성호야, 절을 두 번 해야지. 절의 횟수도 상황에 따라 달라지는 것이 우리의 예절이란다" 하셨습니다.

➡ 살아계신 분께 절을 할 때와 돌아가신 분께 절을 할 때 몇 번을 해야 하는지 알고 있나요?

절하는 방법

· **기본회수** : 절을 많이 할수록 공경을 많이 나타낸다. 그러나 남자는 양陽이기 때문에 남자가 절할 때는 최소 양수(홀수)인 한 번이 기본 횟수이고, 여자는 음陰이기 때문에 여자가 절할 때는 최소 음수(짝수)인 두 번이 기본 횟수이다.

· **생사의 구별** : 산 사람에게는 기본 횟수만 하고, 의식 행사와 죽은 사람에게는 기본 횟수의 배를 한다(옛날에는 산 사람에게도 기본 횟수의 배를 하는 경우가 많았다).

 # 예의 바르게 전화합시다

우리는 하루에도 수차례 전화통화를 합니다. 친절한 전화통화 뒤에는 기분이 좋아지지만, 상대방의 거친 말투나 무례한 태도 때문에 기분이 상할 때도 있습니다. 얼굴이 보이지 않는 상황에서도 정중하고 예의바르게 행동합시다.

■ 이것만은 꼭 지킵시다

➡ 전화는 벨이 3번 울리기 전에 받읍시다.

➡ 전화를 걸 때는 "안녕하세요, 저는 OOO입니다"라고 말합시다.

➡ 전화를 받을 때는 "안녕하세요, OOO입니다"라고 말합시다.

➡ 수화기를 소리나지 않게 천천히 내려놓읍시다.

➡ 메모를 남길 때는 누가, 언제, 어떤 내용으로 전화를 했는지 기록합시다.

➡ 잘못 걸려온 전화도 친절하게 "전화를 잘못 거셨습니다"라고 말합시다.

민호의 전화 메모

민호는 어머니를 찾는 아랫집 아주머니의 전화를 받고 전화 내용을 메모해 두었습니다. 하지만, 어머니께 메모를 전해드리는 걸 깜박 잊고 잠이 들었습니다. 다음 날 민호 어머니는 '엄마, 아랫집 아주머니가 전화하셨어요'라고 적힌 메모를 보셨습니다. 민호 어머니는 고개를 갸우뚱하셨습니다.

➡ 민호의 메모에 어떤 내용을 더 넣으면 좋을까요?

남에게 방해가 되지 않게 전화를 합시다

전화를 잘못 사용하는 사람이 많습니다. 그래서 요즘은 '전화 공해'라고 하기도 합니다. 남에게 방해가 되지 않게 전화를 사용하여 편리하고 기분 좋은 통화가 되도록 합시다.

■ 이것만은 꼭 지킵시다

➔ 용건만 간단히 통화합시다.

➔ 공중전화를 이용할 때에는 뒷사람을 배려합시다.

➔ 공공장소에서는 휴대폰을 진동으로 해 놓거나 꺼 놓읍시다.

➔ 작은 목소리로 통화합시다.

■ 읽어보기

극장에서

친구와 함께 영화를 보러 가서 생긴 일입니다. 재미있게 영화를 보다가 우리 뒷자리에서 휴대폰 음악소리가 들렸습니다. 빨리 휴대폰 주인이 휴대폰을 껐으면 하는 마음이 간절했습니다. 하지만 곧 뒤에 앉은 누나가 통화하는 소리까지 들렸습니다. 자꾸만 누나의 전화 통화가 신경이 쓰여서 이전처럼 재미있게 영화를 볼 수 없었습니다.

전화로 경제적 낭비를 하지 맙시다

요즘 들어 어른, 청소년, 어린이에 이르기까지 전화를 무절제하게 사용하는 일이 늘어가고 있습니다. 전화를 경제적으로 사용한다는 것은 꼭 필요한 경우에만 합리적으로 사용하는 것입니다. 전화를 경제적으로 사용하는 방법에 대해 생각해봅시다.

■ 이것만은 꼭 지킵시다

➡ 요금이 저렴한 전화를 이용합시다.

➡ 꼭 필요한 부가서비스만 사용합시다.

➡ 전화 요금 청구서는 스스로 관리합시다.

■ 읽어보기

아바타(분신) 이야기

한 조사에 의하면 네티즌 5명 중 4명은 사이버 공간에 자신의 아바타(분신)을 가지고 있다고 합니다. 또한 네티즌들 중

60%는 아바타 아이템의 가격이 비싸다는 점을 불만사항으로
지적했습니다. 얼마 전 아바타 아이템을 구입하느라 과도하게
전화 요금이 나온 한 어린이가 부모님께 꾸중을 들은 뒤 자살
을 한 안타까운 사건도 있었습니다. 불필요한 전화 통화, 무절
제한 부가서비스의 사용을 줄여야겠습니다.

➡ 내가 이용하는 부가서비스에는 어떤 것이 있나요?

➡ 내가 이용하고 있는 부가서비스 중에서 꼭 필요한 것과 그렇지 않

은 것을 나누어 봅시다.

 ## 다른 사람을 불쾌하게 하는 말을 하지 맙시다

'말 한마디가 천 냥 빚을 갚는다'는 우리 속담이 있습니다. 이처럼 바르고 깨끗하게 사용하는 말은 큰 가치를 지니며 어느 곳에서나 빛을 발합니다. 일상생활에서 남을 불쾌하게 만드는 말들은 남을 이롭게 하지 못하고 결국 자신의 마음도 상하게 합니다. 나를 나타내는 말, 바르게 사용합시다.

■ 이것만은 꼭 지킵시다

➡ 놀리거나 비하하는 별명을 부르지 맙시다.

➡ 욕이나 상스러운 말을 사용하지 맙시다.

➡ 처음 만나는 사람끼리는 서로 경어를 사용합시다.

■ 읽어보기

내 말 한마디가……

준영이와 승호는 말다툼을 하고 있었습니다. 체육시간에 서로 먼저 나가려고 밀다가, 준영이가 승호에게 "뚱보 주제에"라고 했습니다. 이 말을 듣고 화가 난 승호는 준영이에게 "공부도 못하는 멍청이!"라고 했습니다. 준영이와 승호는 처음에 다투게 된 이유보다도 점차 서로를 기분 나쁘게 하는 말들 때문에 화가 나서 더 싸우게 되었습니다. 이를 보신 선생님께서는 준영이와 승호에게 종이를 주시고 서로에게 미안한 점을 적어보라고 하셨습니다. 두 친구들은 종이에 '나는 잘못한 게 없어요. 친구가 내게 기분 나쁜 말을 했어요'라고 적었습니다. 두 친구들은 한참을 생각하다가 내가 속상했던 만큼 친구도 내 말을 듣고 속상했다는 것을 알게 되었습니다.

> ➡ 내가 듣기 싫어하는 말을 들을 때의 기분은 어떻습니까?

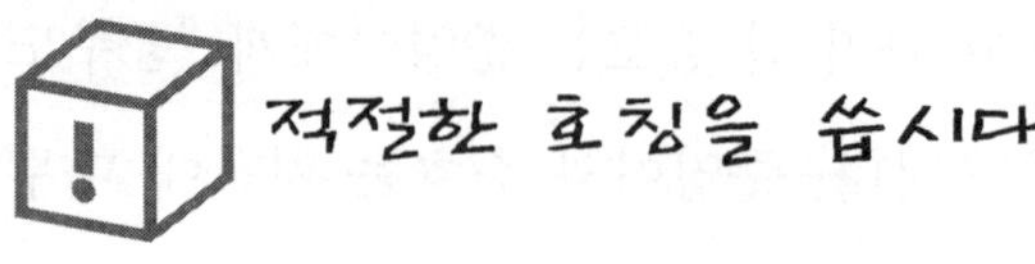

서로를 부르는 호칭은 나이, 관계 그리고 신분에 따라서 다릅니다.

적절한 호칭을 사용하지 않으면 듣는 이의 기분을 상하게 할 수도 있습니다. 주변 사람들에 대한 적절한 호칭을 알고 사용합시다.

■ 이것만은 꼭 지킵시다

➜ 친척들의 정확한 촌수를 알고 사용합시다.

➜ 말하는 사람의 신분에 맞는 말을 사용합시다.

■ 읽어보기

음식점 도우미를 부를 때

음식점 여직원들이 손님을 대하면서 가장 많이 가지는 불만이 손님이 자신을 부를 때 쓰는 호칭이라고 합니다. 손님들이 '언니야', '어이', '아줌마', '야', '이봐'라고 부를 때면 기분이

나빠져서 친절하게 대하기 힘들다고 합니다.

가까운 친척에 대한 바른 호칭을 알아둡시다

- 아버지의 형님과 그 부인 : 큰아버지(백부)와 큰어머니(백모)

- 아버지의 동생과 그 부인 : 작은아버지(숙부)와 작은어머니(숙모)

- 백부나 숙부의 아들과 딸 : 사촌 형과 누나 또는 동생(종형제)

- 아버지의 누나나 여동생과 그 남편 : 고모와 고모부(고숙)

- 고모의 아들과 딸 : 고종 사촌(고종 형제)

- 아버지의 사촌 형제/누이 : 당숙/당고모

- 아버지의 육촌 형제 : 재당숙

- 어머니의 오빠나 남동생과 그 부인 : 외삼촌(외숙)과 외숙모

- 어머니의 언니나 여동생과 그 남편 : 이모와 이모부(이숙)

- 외숙의 아들딸 : 외사촌(외종 형제)

- 이모의 아들딸 : 이종 사촌(이종 형제)

남의 말을 진지하게 경청합시다

사람들과 대화를 할 때는 말을 잘하는 것보다 잘 들어주는 것이 더 중요합니다. 남들이 나의 이야기를 잘 들어주기를 바라는 만큼 남의 말도 진지하게 듣는 습관을 가집시다.

■ 이것만은 꼭 지킵시다

➡ 상대방의 얼굴을 바라보고 대화합시다.

➡ 진지한 태도로 듣습니다.

➡ 남의 말 도중에 끼어들거나 방해하지 않습니다.

■ 읽어보기

대화의 법칙

대화에는 1 · 2 · 3의 법칙이 있다고 합시다. 이것은 자기 말은 1분하고 상대방의 말은 2분 동안 들어주고 3분 동안은 상대방의 말에 맞장구를 쳐주는 것입니다. 그러면 상대는 친근감을 가지게 되고, 두 사람은 더욱 돈독한 관계가 될 수 있습니다.

(〈멋진 시민, 품위 있는 한국인〉 중에서)

→ 자기 이야기만 하는 친구를 보면 어떤 생각이 드나요?

→ 나는 내 이야기만 하는 사람인가요? 남의 얘기를 잘 들어주는 사

람인가요?

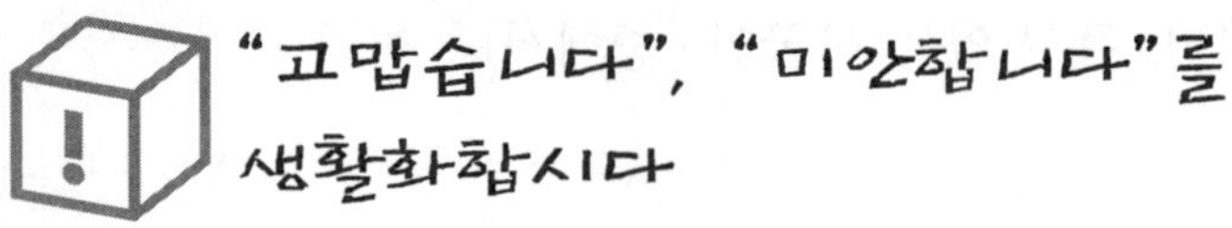

여러분은 '고맙습니다', '미안합니다'라는 말을 자주 사용하고 있습니까? 어색해서 그리고 실수를 대수롭지 않게 여기기 때문에 이 말들을 사용하는 일에 인색하지는 않습니까? 상대방의 작은 배려에도 고마운 마음을 표현하는 일, 사소한 실수에도 미안한 마음을 나타내는 말들을 생활 속에서 실천해 봅시다.

■ 이것만은 꼭 지킵시다

→ 도움을 받았을 때 "고맙습니다"라고 말합시다.

→ "고맙습니다"에 대해서 "별 말씀을요", "오히려 제가 고맙습니다"라고 응대합시다.

→ 폐를 끼치면 "미안합니다"라고 말합시다.

→ 미안하다는 말에는 "괜찮습니다"라고 대답합시다.

한 영국인의 한국 생활

한국에서 일년 남짓 생활하고 있는 한 영국인에게 한국 생활에서 어려움이 무엇이냐고 물었습니다. 그는 한참 생각하다가 이런 이야기를 하였습니다. 그는 복잡한 거리를 지나칠 때 사람들과 부딪치고 발을 밟히는 경우가 많았습니다. 그럴 때마다 미안하다는 사과를 받은 적이 거의 없어서 한 번은 "excuse you"(당신은 내게 실례를 했습니다)라고 말했다고 합니다.

> ➜ 위의 영국인과 같은 경험을 한 적이 있나요?
>
> ➜ 실수를 하고 사과하지 않는 사람을 대할 때 어떤 생각이 드나요?

도움이 필요한 사람을 도와줍시다

　여러분은 도움이 필요한 사람들을 보고도 그냥 지나친 적은 없습니까? 상대방에게 필요한 도움을 준다면 당신의 따뜻한 마음이 전달될 것입니다. 작은 배려가 타인에게 큰 도움이 될 수 있습니다.

■ 이것만은 꼭 지킵시다

➔ 노약자의 무거운 짐을 들어줍시다.

➔ 길을 묻는 사람에게 친절하게 알려줍시다.

➔ 어려움에 처한 친구들을 도와줍시다.

■ 읽어보기

고마운 친구

　몸이 아파서 한 달 동안 결석했던 준호는 학교생활이 낯설기만 합니다. 그 동안 학교에서 있었던 일들도 모르고, 선생님께서 내 주시는 숙제도, 공부도 어려웠기 때문입니다. 하지만 친구 선영이는 쉬는 시간마다 준호의 자리로 와서 그 동안 있었던 학교 일과 공부했던 내용을 친절하게 알려주었습니다. 준호는 한결 기쁜 마음으로 학교에 올 수 있었습니다.

➡ 선영이가 없었다면 준호는 어땠을까요?

➡ 나는 선영이처럼 친구를 도와준 적이 있나요?

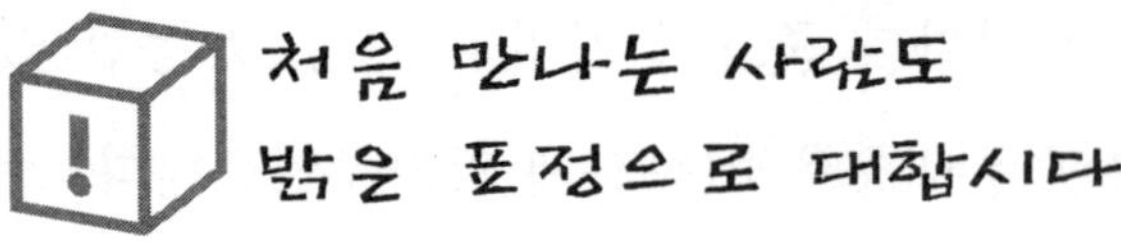

우리나라 사람들이 외국인에게 흔히 듣는 이야기 중 하나가 표정이 없고 무뚝뚝하다는 것입니다. 하지만 조금만 친해지면 마음이 따뜻한 사람들이라는 이야기도 자주 듣습니다. 아는 사람뿐만 아니라 처음 만나는 사람도 친절하고 밝은 표정으로 대합시다. 인사를 주고받는 동안 서로의 기분이 좋아질 것입니다.

■ 이것만은 꼭 지킵시다

➡ 엘리베이터에서 마주치면 인사를 나눕시다.

➡ 버스를 탈 때 기사님께 인사를 합시다.

■ 읽어보기

산을 사랑하는 사람들의 인사

등산을 즐기는 사람들은 산을 오르내리면서 마주치는 사람들과 인사를 나눕니다. 이것이 산을 사랑하는 사람들의 기본자세라고 합니다. "안녕하세요", "산이 참 아름답습니다", "미끄

러운 길 조심하세요." 이처럼 산을 사랑하는 사람들이 나누는
인사는 여러 가지입니다. 또한 좁은 길에서 마주치면 내려가는
사람이 올라가는 사람에게 길을 양보합니다. 산을 오르는 일이
내려가는 일보다 더 힘들기 때문이지요. 여러분도 산을 사랑하
는 사람들처럼 처음 만나는 사람에게 정겨운 인사를 먼저 건네
는 건 어떨까요?

> ➡ 처음 만나는 사람이 나에게 먼저 인사를 건네면 나는 어떻게 할
> 까요?

질서

질서란 사회의 올바른 상태를 유지하기 위해 지켜야 할 약속이나 규칙입니다. 질서는 이 세상을 편안하고 안전하게 살아가기 위해 꼭 필요합니다. 질서를 지키는 자세는 다른 사람도 나와 마찬가지로 똑같은 권리를 가지고 있다는 생각에서 출발합니다.

1) 공공질서

① 줄을 바르게 섭시다.

② 경기와 공연의 관람질서를 지킵시다.

③ 위급한 상황에서도 질서를 지킵시다.

④ 공공시설을 질서 있게 사용합시다.

2) 교통질서

⑤ 길을 걸을 때는 통행규칙을 지킵시다.

⑥ 교통 신호를 지킵시다.

⑦ 다른 사람에게 방해가 되지 않게 길을 걸읍시다.

⑧ 대중교통의 승하차 질서를 지킵시다.

3) 안전질서

⑨ 안전 수칙을 지킵시다.

⑩ 물건을 안전하게 사용합시다.

줄을 바르게 섭시다

일상생활에서 줄을 서야 하는 경우가 많이 있습니다. 줄을 서는 것은 나와 다른 사람 모두가 편리하기 위해서입니다. 그러나 때로는 줄을 서는 일이 남에게 불편을 주기도 합니다. 남에게 불편을 주지 않는 합리적이고 효과적인 줄서기 방법을 실천해 봅시다.

■ 이것만은 꼭 지킵시다

➡ 한 줄로 서서 기다립시다.

➡ 남에게 방해가 되지 않게 줄을 섭시다.

➡ 새치기하지 맙시다.

■ 읽어보기

야구장에서

민호는 야구장 입장권을 사기 위해 줄을 섰습니다. 입장권을 사려는 사람들이 길게 줄을 서있었습니다. 그런데 제법 떨어진 뒷줄에 승민이와 승민이 엄마가 줄을 서있는 모습이 보였습니다. 민호는 승민이 옆에서 야구 경기를 보고 싶어졌습니다. 순간 민호는 '승민이를 내 앞에 세워줄까? 그냥 승민이가 표를 살 때까지 내가 기다릴까?' 하고 망설였습니다.

> ➡ 내가 민호의 입장이라면 어떻게 할까요?
>
> ➡ 내 앞줄에서 새치기를 하는 사람이 있다면 나는 어떤 마음이 들까요?

경기와 공연의 관람질서를 지킵시다

　　운동경기장, 공연장, 극장 등은 많은 사람들이 즐겁게 관람하기 위한 장소입니다. 이런 곳에서는 다른 사람을 배려하여 정숙하고 쾌적한 분위기를 유지하는 것이 중요합니다.

■ 이것만은 꼭 지킵시다

➜ 시작 10분 전에 입장하여 정해진 좌석에 앉읍시다.

➜ 금지된 곳에서는 촬영하지 맙시다.

➜ 조용히 관람하고 공연 중 자리 이동을 하지 맙시다.

➜ 금지된 곳에서는 음식물을 먹지 맙시다.

➜ 경기나 공연을 방해하는 행동을 하지 맙시다.

➜ 종료 후에는 자기 주변을 깨끗이 정리합시다.

■ 읽어보기

어느 외국인이 본 한국 풍경

　　"어느 공연장을 가더라도 거기엔 딱딱거리며 껌을 씹는 모습을 볼 수 있습니다. 또 여기저기에서 핸드폰 소리, 옆 사람과 속닥거리는 소리, 때로는 요란한 웅성거림과 휘파람 소리까지도 들을 수가 있습니다. 어느 때는 갑작스레 치는 박수 소리가 공연을 어색하게 해 관객 기분을 상하게 하는 경우를 본 적도 있습니다."

진정한 한국인의 모습

아직도 뜨거운 함성이 들리는 듯한 2002년 월드컵 경기는 가슴 설레고 흐뭇한 기억으로 간직될 것입니다. 특히 월드컵 때 보여준 우리 국민의 성숙된 문화의식은 더욱 그렇습니다. 경기장과 거리에서 열띤 응원을 하고 난 뒤 어느 누구의 지시 없이도 자기 자리를 치우고 가는 시민들의 모습이 진정한 한국인의 모습입니다.

위급한 상황에서도 질서를 지킵시다

급할수록 돌아가라는 속담이 있습니다. 평소에는 질서를 잘 지키던 사람도 위급한 순간이면 당황하여 허둥대기도 합니다. 질서는 안전과 직결되어 있기 때문에 위급한 상황일수록 침착하게 질서를 지키는 습관을 가져야 합니다.

■ 이것만은 꼭 지킵시다

➔ 비상시 행동 대피 요령을 알아둡시다.

➔ 안전요원의 지시에 따릅시다.

➔ 당황해하지 말고 침착하게 대처합시다.

■ 읽어보기

침착한 정희

정희가 아파트 엘리베이터를 타고 집으로 올라가던 중 갑자기 불이 꺼지고 엘리베이터가 멈췄습니다. 너무 무섭고 놀라 눈물이 나왔지만, 정희는 이내 희미하게 보이는 비상벨을 찾아

눌렀습니다. "아저씨, 저 엘리베이터에 갇혔어요. 12동 1405호 엘리베이터예요" 하면서 경비 아저씨께 도움을 청했습니다. 경비 아저씨는 다른 아저씨들과 함께 얼른 오셔서 엘리베이터를 고쳐주셨습니다. 그리고 정희의 머리를 쓰다듬어 주시면서 어리지만 침착하다며 칭찬을 아끼지 않으셨습니다.

화재 신고요령

· 불이 났어요. ➡ 119에 신고합시다.
· 우리 주방이 불에 타고 있어요. 2층집이에요. ➡ 화재의 내용을 간단명료하게 말합시다.
· OO구 OO동 OO번지예요. ➡ 번지를 모르면 잘 알려진 건물을 알려줍시다.

공공시설을 질서 있게 사용합시다

여러 사람이 함께 사용하는 공공시설의 사용 규칙을 지키고 있습니까? 조금만 신경을 쓰면 공공시설을 더욱 안전하고 편리하게 사용할 수 있습니다.

■ 이것만은 꼭 지킵시다

➡ 공공시설의 사용 규칙을 잘 읽어둡시다.

➡ 공공시설의 사용 규칙을 지켜 이용합시다.

➡ 전용시설은 대상자만 이용합시다.

■ 읽어보기

어린이용 시설은 어린이만

나는 할머니와 함께 집 앞 공원에 자주 갑니다. 산책도 하고 운동기구에서 운동도 하고 그네도 탈 수 있기 때문입니다. 하지만 얼마 전에 대학생 오빠들과 언니들이 그네를 타다가 그만 한 쪽 줄이 끊어졌습니다. 나는 언니, 오빠들에게 어린이용 그

네라고 말해주었습니다. 그랬더니 언니, 오빠들은 "우리 때문이 아니라 원래 줄이 약해서 그래"라고 말했습니다.

아직은 안 됩니다

아버지와 동생과 함께 놀이동산에 갔습니다. 내가 너무 타고 싶던 놀이기구를 타기 위해 줄을 섰습니다. 하지만 이 놀이기구는 키가 130센티미터 이상이 되어야 탈 수 있다는 안내문이 있었습니다. 동생의 키를 재어보니 조금 작았습니다. 안전요원은 동생의 키가 작아서 이것은 탈 수 없으니 동생에게 맞는 다른 놀이기구를 타라고 하였습니다.

길을 걸을 때는 통행 규칙을 지킵시다

우리나라에서는 안전과 교통의 원활한 흐름을 위해서 차는 오른쪽으로 사람은 왼쪽으로 다니는 것을 통행 규칙으로 하고 있습니다. 통행 규칙을 잘 지킨다면 복잡하고 사람이 많은 곳에서도 질서 있게 통행을 할 수 있습니다.

■ 이것만은 꼭 지킵시다

➜ 차는 우측, 사람은 좌측통행합시다.

➜ 횡단보도에서는 안전을 위해 우측통행합시다.

■ 읽어보기

사람은 왼쪽으로

지하철 계단에는 내려가는 길, 올라가는 길이 표시되어 있습니다. 왼쪽으로 다니면 내려가는 사람, 올라가는 사람이 부딪치지 않고 질서 있게 다닐 수 있지만 이를 지키지 않는 사람들 때문에 무척 혼잡할 때가 많습니다. 내려가는 길, 올라가는

길 표시가 없더라도 '사람은 왼쪽으로, 차는 오른쪽으로'라는
원칙으로 길을 걸으면 한결 빠르고 편리한 통행이 됩니다.

여기서 잠깐!

반대로 횡단보도에서는 사람이 오른쪽으로 걸어가야 합니다. 왜냐하면 우측으로 통행하는 것이 급히 오는 차가 정지하는 시간을 주어 사고를 예방할 수 있기 때문입니다.

➡ 좌측통행을 하기 어려운 곳이 있나요?

➡ 통행 규칙이 잘 지켜지는 곳과 지켜지지 않는 곳은 어디인가요?

 # 교통 신호를 지킵시다

한 조사에 의하면 교통 신호를 위반했던 경험이 있는 사람이 위반하지 않은 사람보다 교통사고율이 30%나 더 높다고 합니다. 어떠한 경우에도 운전자와 보행자가 함께 교통 신호를 지켜서 사고를 예방합시다.

■ 이것만은 꼭 지킵시다

➡ 신호등이 초록불로 바뀌면 좌우를 살핀 후 길을 건넙시다.

➡ 초록불이 깜박일 경우에는 걷지 말고 기다립시다.

■ 읽어보기

횡단의 3원칙

횡단의 3원칙을 아시나요?

첫째, 길을 건너기 전에 멈추어 섭니다. 둘째, 좌우를 보며 차가 멈추었는지 확인합니다. 셋째, 손을 들고 좌우 차의 움직임을 살피며, 횡단보도의 오른쪽으로 건넙니다. 올바르고 안전하게 길을 건너기 위해서 횡단의 3원칙을 철저하게 지켜서 건넙시다.

횡단의 3원칙 - 선다, 본다, 건넌다.

➡ 횡단의 3원칙 중에서 내가 잘 안 지키는 것은 무엇인가요?

➡ 친구들 중에서 횡단의 3원칙을 가장 잘 지키는 친구는 누구입니까?

다른 사람에게 방해가 되지 않게 길을 걸읍시다

길을 걷다보면 이따금씩 통행하는데 불편을 주는 사람들이 있습니다. 무심코 하는 행동이 다른 사람들의 통행에 방해가 될 수 있습니다. 다른 사람에게 방해가 되지 않게 길을 걷는 일, 나와 우리 가족이 먼저 실천합시다.

■ 이것만은 꼭 지킵시다

➡ 두 사람 이상이 나란히 걷지 맙시다.

➡ 복잡한 길에서는 걸어가면서 통화하지 맙시다.

➡ 큰 소리로 떠들면서 걷지 맙시다.

■ 읽어보기

거리에서

영미는 집에 가는 길에 앞에서 걷고 있는 언니들 때문에 짜증이 났습니다. 5~6명쯤 되는 언니들이 큰 소리로 웃고 떠들면서 나란히 걷고 있기 때문이었습니다. 영미는 앞에서 걷고 있는 언니들을 앞질러 가고 싶었지만 도저히 앞서 지나갈 틈이 없었습니다. 할 수 없이 영미는 천천히 걷고 있는 언니들의 속도에 맞추어 걸을 수밖에 없었습니다. 영미의 뒤에서 걷고 있는 아저씨의 목소리가 들렸습니다. "나 참, 좁은 길에서 저렇게 나란히 걸으면 뒷사람은 어떻게 걸으라는 거야. 그것도 천천히 걸어가면서."

➡ 거리에서 나란히 걷는 사람들 때문에 불편했던 경험을 이야기해 봅시다.

➡ 통행에 방해가 되게 길을 걷는 경우를 찾아봅시다.

 # 대중교통의 승하차 질서를 지킵시다

버스나 지하철, 기차는 여럿이 함께 이용할 수 있는 편리한 대중교통입니다. 대중교통은 여러 사람이 함께 사용하기 때문에 질서를 지켜야만 모두가 편리하게 이용할 수 있습니다.

■ 이것만은 꼭 지킵시다

➡ 내린 뒤에 차례로 승차합시다.

➡ 운전에 방해되는 행동을 하지 맙시다.

➡ 좌석을 더럽히지 맙시다.

➡ 차 속에서는 신문을 작게 접고 읽읍시다.

■ 읽어보기

박 기사님 이야기

십 년 넘게 버스 운전을 하고 계시는 박 기사님은 요즘 들어 운전을 하는 일이 더 어렵다고 하십니다. 길이 좀 막힌다 싶으면 옆 차선으로 끼어들라고 재촉하는 승객, 차 안에서 소란을 피우는 승객, 그리고 기사에게 무례한 행동을 하는 승객들이 전보다 많아졌다는 것입니다. 이럴 때마다 박 기사님의 기분이 상하지만 그보다 승객들의 안전이 더 염려스럽다고 하십니다.

➡ 버스에서 질서를 지키지 않는 사람들 때문에 눈살을 찌푸렸던 일이 있었나요?

➡ 주변에서 승차질서가 잘 지켜지지 않는 경우를 찾아봅시다.

 # 안전 수칙을 지킵시다

안전 수칙은 나와 다른 사람의 생명과 안전을 위해 당연히 지켜야 합니다. 안전 수칙을 지키는 일을 조금만 소홀히 하여도 나뿐만 아니라 남에게도 불행을 초래할 수 있습니다. 항상 안전 수칙을 지킵시다.

■ 이것만은 꼭 지킵시다

➡ 안전벨트와 보호 장구를 착용합시다.

➡ 차도로 다니지 맙시다.

■ 읽어보기

민규의 실수

민규와 친구들은 골목길에서 공놀이를 하였습니다. 공이 차도로 굴러가자 민규는 공을 주우려고 뛰어갔습니다. 굴러가는 공만 쳐다보던 민규는 차가 민규를 향해 달려오는 것도 모른 채 계속 뛰어갔습니다. 그때 지나가는 트럭에서 갑자기

"빠앙" 하고 커다란 경적 소리가 울려 민규는 깜짝 놀랐습니다. 트럭의 기사 아저씨는 민규에게 "이 녀석아! 차도에서 공놀이를 하면 위험한 줄 모르니? 큰일 날 뻔했다" 하고 꾸중을 하셨습니다.

➡ 나도 민규와 같은 실수를 한 적이 있나요?

➡ 나와 친구들이 교통안전 수칙을 잘 지키지 않았던 경험을 생각해 봅시다.

물건을 안전하게 사용합시다

우리 생활 속에는 수많은 사고의 위험이 있습니다. 그러나 이 중에는 안전 수칙을 지킨다면 미리 예방할 수 있는 것들도 많습니다. 사용설명서, 유효기간, 안전 표지판 등의 지시를 따르는 작은 일들이 커다란 사고를 막을 수 있는 길입니다.

■ 이것만은 꼭 지킵시다

➡ 물건의 사용설명서를 잘 읽고 사용합시다.

➡ 식품의 유효기간을 확인합시다.

➡ 길을 걸을 때에는 안전표지판에 주의를 기울입시다.

■ 읽어보기

민영이의 습관

민영이는 새로운 습관이 생겼습니다. 거리를 지나갈 때 세워져 있는 안전 표지판을 꼼꼼히 읽어보는 것입니다. 얼마 전 집에 가는 길에 가는 '공사중'이라는 표지판이 세워진 길 틈으로 걷다가 그만 한쪽 다리가 뚜껑이 열린 맨홀에 빠졌습니다. 다행히 공사하시던 아저씨께서 도와주셔서 사고 없이 집에 돌아올 수 있었지만, 그 후로 민영이는 거리에 있는 안전 표시판을 유심히 살핍니다.

➡ 우리 동네와 학교 주변에서 볼 수 있는 안전 표지판에는 어떤 것이 있나요?

➡ 다음의 안전 표지판은 무슨 뜻일까요?

· 낙석주의: ....

· 우회바랍니다: ....

· 제설작업: ....

청결

유태인들은 '몸을 깨끗이 하면 마음까지도 깨끗해진다'
고 하였습니다. 자기 몸을 청결하게 하는 것은 자신을
아름답게 가꾸는 일입니다. 또한 청결한 환경은 우리를
기분 좋게 합니다. 그러나 청결한 생활은 저절로 이루어
지는 것이 아닙니다. 청결한 생활을 위해서는 지켜야 할
규칙이 있습니다. 이러한 규칙을 지키고 실천할 때 주변
환경도 깨끗해지고 자연환경도 보존할 수 있습니다.

1) 내 몸의 청결

① 몸을 깨끗하게 합시다.

② 옷차림을 단정하게 합시다.

2) 주변의 청결

③ 생활하는 곳을 청소합시다.

④ 쓰레기 분류 배출 규칙을 지킵시다.

⑤ 아무데나 침을 뱉거나 용변을 보지 맙시다.

⑥ 애완동물 사육규칙을 지킵시다.

⑦ 욕실을 깨끗하게 씁시다.

⑧ 공중목욕탕을 바르게 이용합시다.

⑨ 공중화장실을 깨끗하게 씁시다.

⑩ 공공장소를 깨끗하게 유지합시다.

 # 몸을 깨끗하게 합시다

몸을 깨끗하게 하는 것은 건강을 위해서 매우 중요합니다. 자기 몸을 깨끗하고 아름답게 가꾸는 일은 예의바른 사람이 갖추어야 할 기본 덕목이며 자신을 스스로 높이는 것입니다. 우리 조상들은 몸을 청결히 한 후에야 학문에 임할 정도로 청결을 중요하게 여겼다고 합니다.

■ 이것만은 꼭 지킵시다

➜ 손을 자주 씻읍시다.

➜ 식사 후에는 양치질을 합시다.

➜ 손톱, 발톱, 머리를 깨끗하게 합시다.

➜ 목욕을 자주 합시다.

■ 읽어보기

늦잠 잔 날

어느 날 늦잠을 잔 정남이는 깜짝 놀라 학교로 뛰어 갔습니다. 학교로 가는 동안 사람들이 힐끗힐끗 정남이를 쳐다보았습니다. 정남이는 '왜 자꾸 쳐다보지?'라고 생각하며 교실에 들어가 "애들아, 안녕?" 하고 인사를 했습니다. 그러자, 짝꿍이 "아이구, 냄새" 하며 코를 막았습니다. 거울을 본 정남이는 깜짝 놀랐습니다. 거울 속에 비친 정남이의 모습은…….

이 닦기가 싫은 은성이

은성이는 이 닦기를 싫어합니다. 그러던 어느 날 은성이는 이가 아파 잠을 잘 수가 없었습니다. 엄마와 함께 치과에 간 은성이는 의사 선생님이 보여주는 자신의 이를 보고는 깜짝 놀랐습니다. 새까맣게 썩어 들어간 이들이 은성이의 눈에 비쳤기 때문입니다.

 # 옷차림을 단정하게 합시다

깨끗하고 단정한 용모는 더불어 함께 하는 생활에서 기본적인 예의입니다. 불결한 옷차림이나 현란한 옷차림은 다른 사람에게 불쾌감을 줄 수 있습니다. 그러나 깨끗하고 단정하며, 때와 장소에 알맞은 옷차림은 상대방에게 좋은 인상을 줍니다.

■ 이것만은 꼭 지킵시다

➡ 깨끗하고 단정한 복장을 합시다.

➡ 남에게 불쾌감을 주는 옷차림을 삼갑시다.

➡ 문신이나 지나친 피어싱(귀걸이, 코걸이 등)을 하지 맙시다.

➡ 남에게 불쾌감을 주는 향수나 무스를 사용하지 맙시다.

■ 읽어보기

향수 아저씨

이모의 결혼식에 가게 된 지원이는 예쁜 원피스를 입고 머리도 단정하게 빗었습니다. 어머니는 지원이에게 향수를 살짝 뿌려 주셨습니다. 엘리베이터를 탄 순간 지원이는 어디선가 나는 진한 향수 냄새에 코를 막았습니다. 지원이는 '내가 향수를 너무 많이 뿌렸나' 하는 생각으로 가슴이 조마조마했습니다. 그 때 5층에서 아저씨 한 분이 내리자 사람들은 '후유' 하며 숨을 뱉어냈습니다. 지원이도 그때서야 숨을 제대로 쉴 수가 있었고 조마조마하던 마음이 놓였습니다.

귀걸이가 하고 싶어요

친구가 귀걸이 한 모습이 예뻐 보였던 영희는 어머니를 졸라 귀를 뚫고 예쁜 귀걸이를 하였습니다. 얼마 후 영희는 학교에서 야영훈련을 가게 되었습니다. 야영장에서 영희는 귀가 자꾸 아픈 것 같아 신경이 쓰였습니다. 집으로 돌아온 영희는 귀를 보고 깜짝 놀랐습니다. 귀걸이 주변이 빨갛게 부어올라 병원에 갔더니 소독이 잘 되지 않아 속에서 곪았다는 것이었습니다.

생활하는 곳을 청소합시다

생활하는 공간을 깨끗이 하는 것은 자기 몸을 청결하게 하는 것만큼 중요합니다. 자신의 방과 집안은 물론, 집 앞이나 골목 등도 내 집안처럼 깨끗하게 청소한다면 보다 청결한 환경을 만들 수 있을 것입니다. 또한 주변이 깨끗한 사람은 남에게 청결하고 성실한 인상을 줍니다.

■ 이것만은 꼭 지킵시다

➡ 사용한 물건은 꼭 제자리에 둡시다.

➡ 자기 방은 자기가 치웁시다.

➡ 집 주변의 청소를 같이 합시다.

■ 읽어보기

깔끔한 정아

정아는 단정한 용모와 깔끔한 옷차림으로 인기가 많은 여학생입니다. 어느 날 정아는 주번이어서 학교에 일찍 오게 되었습니다. 그런데 정아의 책상에 먹다 남은 과자 봉지와 음료수 병이 놓여 있었습니다. 정아는 교실에 아무도 없다고 생각하고 과자 봉지와 음료수 병을 교실바닥으로 밀어 버렸습니다. 그 때 교실에 들어오던 친구들이 이 모습을 보게 되었습니다. 정아와 친구들은 서로 깜짝 놀랐습니다.

➡ 정아의 행동을 본 친구들은 어떤 생각을 했을까요?

할아버지 청소부

주영이가 자주 놀러 나가는 놀이터는 항상 깨끗하고 꽃과 화초들로 아름답게 꾸며져 있습니다. 청결하고 예쁜 놀이터에 놀러 올 때마다 주영이는 기분이 좋았습니다. 어느 날 주영이는 아버지와 함께 아침 일찍 놀이터를 지나가게 되었습니다. 그 때 놀이터 한쪽에서 청소를 하고 계신 옆집 할아버지를 보았습니다. 할아버지는 청소를 하시고는 꽃과 화초에 물도 주고 풀도 뽑고 계셨습니다.

➡ 주영이는 청소하고 계시는 할아버지를 보고 어떤 마음이 들었을까요?

 # 쓰레기 분류 배출 규칙을 지킵시다

쓰레기를 버릴 때는 쓰레기를 분류하여 같은 종류끼리 묶어서 정해진 장소에 버려야 합니다. 생활 폐기물은 반드시 종량제 봉투에 담아 버리고 음식물 쓰레기는 음식물 쓰레기 수거함에 버려야 합니다. 쓰레기를 분류하여 배출하면 쓰레기 양을 줄일 수 있으며 자원을 절약할 수 있습니다. 아파트나 공원, 공공시설 등에 설치되어 있는 쓰레기 분리수거함을 바르게 이용하는 습관은 쓰레기 분류 배출의 밑거름이 됩니다. 또한 가정에서도 쓰레기 분리수거함을 마련하여 가족 모두 분류 배출이 습관화되도록 합시다.

■ 이것만은 꼭 지킵시다

→ 쓰레기는 규격봉투에 넣어 버립시다.

→ 쓰레기 분류를 철저히 하여 배출합시다.

→ 지정된 곳에만 버립시다.

똑같은 쓰레기통

영희는 친구들과 놀이동산에 가기 위해 전철역에 갔습니다. 영희는 친구를 기다리면서 음료수를 마신 뒤 빈 캔을 버리기 위해 쓰레기통을 찾았습니다. 여러 개의 쓰레기통이 나란히 있어 '캔·깡통류'라고 적힌 통으로 갔습니다. 그런데 쓰레기통에는 종이, 병, 담배꽁초 등 각종 쓰레기들이 모두 섞여 들어있었습니다. 영희는 쓰레기통 앞의 글씨를 다시 한번 보고 다른 쓰레기통도 들여다보았습니다. 영희는 깜짝 놀랐습니다. 쓰레기통마다 '종이류', '플라스틱류', '일반 쓰레기'라고 쓰여 있었으나 그 속에 들어있는 쓰레기는 모두 같았기 때문입니다.

➡ 여러분이 영희라면 음료수 캔을 어디에 버릴 것인가요?

아무데나 침을 뱉거나 용변을 보지 맙시다

길을 가다보면 가끔 아무데나 침을 뱉는 사람을 볼 수 있습니다. 술에 취해서 또는 급하다는 이유로 길가에서 용변을 보는 사람을 목격하기도 합니다. 이런 행동은 다른 사람의 눈살을 찌푸리게 만듭니다. 길거리에 침을 뱉거나 용변을 보는 행위는 경범죄처벌법 제1조 제17호에 해당, 3만 원의 범칙금을 물게 되어 있습니다.

■ 이것만은 꼭 지킵시다

➜ 침과 껌은 함부로 뱉지 않습니다.

➜ 용변은 지정된 장소에서만 봅니다.

■ 읽어보기

동수의 버릇

동수에게는 버릇이 하나 있습니다. 그것은 침을 자주 뱉는 것입니다. 어느 날 동수는 놀이터에서 친구와 놀다가 평상시

습관대로 침을 뱉었습니다. 그때 어느 할아버지의 불호령 같은 고함소리에 놀라 쳐다보니, 의자에 앉아 계시던 할아버지의 머리에서 침이 이마로 죽 흘러내리는 것이었습니다. 당황한 동수는 할아버지께 죄송하다는 인사를 하고 황급히 놀이터에서 나왔습니다.

강아지와 같이 본 소변

엄마와 함께 시장에 갖다 오던 현민이는 갑자기 소변이 너무 급해 "엄마, 오줌 마려워요"라고 말했습니다. 엄마는 주변을 둘러보시더니, "지나가는 사람들이 없으니 저기 차 뒤에 가서 눠"라고 하셨습니다. 현민이는 엄마가 시킨 대로 차 뒤에 가서 소변을 보고 있었습니다. 그 때 현민이 옆으로 강아지 한 마리가 오더니 오줌을 누는 것이었습니다. 현민이는 너무 민망하였습니다.

애완동물 사육 규칙을 지킵시다

　최근에 와서 애완동물을 기르는 가정이 많아졌습니다. 단독 주택인 개인의 집에서는 누구나 얼마든지 애완동물을 키울 수가 있으나, 아파트 등의 공동 주택에서는 애완동물을 기르는 것을 금하고 있습니다. 또한 슈퍼나 음식점과 같이 청결을 유지해야 하는 곳이나 공공장소에 애완동물을 데리고 가는 것은 삼가야 합니다. 부득이 애완동물을 데리고 다닐 때는 비닐봉지나 휴지 등을 휴대하여 소변이나 대변을 처리할 수 있도록 해야 합니다. 애완동물 사육 규칙을 지켜 주변 환경을 깨끗이 하고, 다른 사람에게 폐가 되지 않도록 합시다.

■ 이것만은 꼭 지킵시다

➡ 공공장소에는 애완동물을 데려가지 맙시다.

➡ 애완동물의 오물은 주인이 처리합시다.

➡ 애완동물을 위생적으로 관리합시다.

유정이의 휴가

여름 방학이 되어 유정이는 가족과 함께 계곡에 놀러 갔습니다. 계곡에는 많은 사람들이 더위를 식히기 위해 물에 몸을 담그고 물놀이를 하고 있었습니다. 유정이도 수영복으로 갈아입고 동생과 함께 물 속에 들어가 신나게 놀고 있을 때였습니다.

어떤 할머니께서 "개를 데리고 물 속에 들어가면 어떻게 하니! 사람이 노는 물에"라며 소리를 지르시는 것이었습니다. 할머니가 계신 계곡 위쪽을 보니 어떤 사람들이 개도 우리 가족이라면서 물 속에 같이 들어가 있는 것이었습니다. 그 모습을 본 유정이는 동생을 데리고 황급히 물 속에서 나왔습니다. 다른 사람들도 물 속에서 다 나오고 개 주인에게 개를 데리고 나가라고 이야기하였습니다.

➡ 유정이와 다른 사람들의 기분은 어땠을까요?

욕실을 깨끗하게 씁시다

　집에는 가족이 모두 함께 사용하는 공간이 많습니다. 욕실은 가족이 함께 사용하는 공간 중 하나이기 때문에, 나만 생각하지 말고 다른 가족들까지 생각하여 깨끗하게 사용해야 합니다. 욕실을 깨끗하게 정리 정돈하는 것은 가족 모두가 함께 지켜야 할 일입니다.

■ 이것만은 꼭 지킵시다

➡ 수건을 사용한 뒤에는 제자리에 걸어 둡시다.

➡ 목욕이나 샤워 후 물기를 닦는 습관을 가집시다.

➡ 사용한 물건은 깨끗이 닦아 제자리에 둡시다.

■ 읽어보기

어머니께서 욕실에 들어가신 까닭은?

　영호 아버지는 매일 아침마다 운동을 나가십니다. 운동 뒤에는 항상 샤워를 하시고 회사 갈 준비를 합니다. 그럴 때마다 영호의 어머니는 욕실에 들어갔다 나오십니다. 그러던 어느

날 영호의 어머니께서 집을 며칠간 비우시게 되었습니다. 영호
는 평상시와 다름없이 일어나 볼일을 보러 욕실 문을 여는 순
간 깜짝 놀랐습니다. 수건과 비누, 샴푸 통 등이 여기 저기 흩
어져 있었기 때문입니다. 또한 욕실용 신발은 물에 젖어 있었
습니다. 영호는 욕실 앞에 서서 어떻게 해야 할지 순간 망설였
습니다. 영호는 그때서야 깨달았습니다. 어머니께서 아버지와
자신이 욕실을 사용한 뒤에 왜 욕실로 들어가시는지를.

➡ 영호의 어머니는 왜 가족이 욕실을 사용한 후 욕실에 들어가셨나요?

➡ 앞으로 영호네 가족은 욕실을 깨끗하게 사용하기 위해 어떻게 해
   야 할까요?

 # 공중목욕탕을 바르게 이용합시다

공중목욕탕은 많은 사람들이 함께 이용하는 장소로서 이용자가 지켜야 할 규칙이 있습니다. 특히 청결과 위생에 주의를 기울여 사용하여야 합니다. 자신이 사용한 물품은 깨끗하게 씻어서 제자리에 정리해야 합니다. 또 탕에 들어갈 때는 샤워를 먼저 하고 들어가서 탕 속의 물이 더럽혀지지 않게 해야 합니다.

■ 이것만은 꼭 지킵시다

➡ 공중목욕탕 시설을 깨끗이 사용합시다.

➡ 목욕용품은 사용 후 제자리에 둡시다.

➡ 탕에 들어갈 때는 샤워를 먼저 합시다.

■ 읽어보기

목욕탕에서 겪은 일

어느 일요일, 정아는 어머니와 함께 공중목욕탕에 갔습니다. 목욕탕에는 사람들이 너무 많아 자리에 앉기조차 힘들 정도였습니다. 정아는 여기저기 흩어져 있는 목욕도구를 찾아 간신히 자리에 앉았습니다. 정아는 탕에 들어가기 위해 샤워를 하고 탕 쪽으로 걸어가다가 그만 넘어지고 말았습니다. 깜짝 놀라 보니 누가 버렸는지 우유팩이 바닥에 떨어져 있었습니다. 아픈 엉덩이를 쓰다듬으며 탕 앞에 도착한 정아는 또 한번 놀랐습니다. 탕 위에 비누거품 같은 것들이 떠다니고 있었기 때문입니다. 정아는 어떻게 해야 될지 망설이며 탕 앞에 서 있었습니다.

➡ 여러분이 정아라면 어떻게 하겠습니까?

➡ 탕은 왜 더럽혀진 것일까요?

 공중화장실을 깨끗하게 씁시다

　'화장실은 그 집안의 얼굴'이라는 말이 있듯이 가정에서나 공공장소에서나 화장실의 청결은 매우 중요합니다. 화장실을 사용한 뒤에는 항상 깨끗하게 정리하는 습관을 가져야 합니다. 화장실을 깨끗하게 사용하는 것은 다음 사람을 위한 배려이기도 합니다. 특히, 공중화장실은 많은 사람들이 이용하는 시설이므로 자신의 집 화장실보다 더욱 청결하게 사용하여야 합니다.

■ 이것만은 꼭 지킵시다

➜ 용변을 본 뒤에는 물을 꼭 내립시다.

➜ 화장실 변기가 막히지 않도록 합시다.

➜ 공중화장실 벽에 낙서하지 맙시다.

지하철역의 화장실

　토요일 오후 엄마와 수영이는 할머니 댁에 가기 위해 지하
철을 타러 갔습니다. 갑자기 소변이 급해진 수영이는 지하철역
에 있는 화장실에 갔습니다. 토요일이서인지 화장실에는 사람
이 많았습니다. 한참을 기다린 후에 화장실에 들어가게 된 수
영이는 냄새 때문에 화장실에 들어가기를 주저하게 되었습니
다. 앞서 사용한 사람이 볼일을 보고 물을 내리지 않았기 때문
입니다.

> ➡ 공중 화장실에서 앞사람의 부주의한 사용으로 인해 불쾌한 경험
> 을 겪은 적이 있나요?

공공장소를 깨끗하게 유지합시다

　공공장소는 많은 사람들이 함께 사용하는 곳이므로 자신의 집과 같이 생각하여 깨끗하게 사용하여야 합니다. 누가 보지 않는다고 쓰레기를 함부로 버리거나 낙서를 하고 기물을 함부로 다루는 것은 자기의 양심을 버리는 일과 같습니다. 공공장소에서 지켜야 할 규칙을 준수하는 것 또한 공공장소를 청결하게 유지하는 길입니다.

■ 이것만은 꼭 지킵시다

➡ 음식은 지정된 장소에서만 먹읍시다.

➡ 사용한 장소는 깨끗이 정리하고 떠납시다.

➡ 유원지에서 취사는 지정된 장소에서만 합시다.

■ 읽어보기

놀이동산에서

　주영이는 방학이 되어 가족과 함께 놀이동산에 갔습니다.

놀이동산에는 사람이 너무 많아 놀이기구를 타려면 한참을 기다려야 했습니다. 줄을 서서 기다리는 동안 배가 고픈 주영이는 어머니께 먹을 것을 사달라고 졸랐습니다. 어머니께서는 주영이에게 줄을 서 있도록 한 뒤 음식을 사가지고 오셨습니다. 주영이가 음식을 먹고 있는데 사람들이 "어휴, 어휴" 하면서 주영이를 쳐다보았습니다. 또한 뒤에 서있던 아이들도 음식을 사달라고 부모님께 조르는 것이었습니다. 주영이는 얼굴이 달아오르는 것이 느껴졌습니다.

> ➡ 사람들은 주영이를 보고 왜 불쾌해 했을까요? 그런 사람들 속에서 음식을 먹는 주영이의 마음은 어떨까요?

정직과 책임

정직은 자기의 이익을 위해서 남을 속이지 않는 것입니다. 사람 관계에서 서로에 대한 신뢰가 형성되지 못하면 좋은 인간관계를 형성하기 어렵습니다. 그렇기 때문에 우리는 항상 거짓말을 하지 않고 정직한 생활을 하기 위해 노력하여야 합니다. 책임이란 자신이 맡은 일을 스스로 끝까지 해내는 것입니다. 누구나 각자의 처지에서 맡겨진 역할에 최선을 다하고 자신이 약속한 것은 반드시 지키려는 의지를 가져야 합니다. 정직한 마음으로 자신의 역할에 최선을 다하는 생활 태도는 인간다운 생활을 하기 위한 기본 요건입니다.

1) 정직한 말과 행동

　① 정직하게 말하고 행동합시다.

　② 컨닝(시험 부정 행위)을 하지 맙시다.

　③ 불법 복제를 하지 맙시다.

　④ 페어플레이를 합시다.

　⑤ 허락 없이 남의 물건을 가져가지 맙시다.

2) 책임 있는 말과 행동

　⑥ 약속을 지킵시다.

　⑦ 가족의 일원으로서 책임을 다합시다.

　⑧ 학생으로서 책임을 다합시다.

　⑨ 시민으로서 책임을 다합시다.

　⑩ 책임 있는 네티즌이 됩시다.

정직하게 말하고 행동합시다

　아무리 가까운 사람일지라도 단 한번의 거짓말로 인해 그 사람의 말을 불신하게 될 수 있습니다. 이렇게 거짓말은 자기에 대한 신뢰를 떨어뜨리게 합니다. 항상 정직하게 말하고 행동하여 다른 사람으로 하여금 자신을 신뢰하게 합니다.

■ **이것만은 꼭 지킵시다**

➡ 나의 이득을 위해 남을 속이지 맙시다.

➡ 손해를 보더라도 정직하게 말합시다.

■ **읽어보기**

잘못된 계산

　운이는 어머니와 함께 쇼핑을 하러 갔습니다. 쇼핑센터는 많은 사람들로 붐볐습니다. 어머니와 운이는 여러 가지 물건을 사가지고 계산을 하러 계산대로 갔습니다. 계산대에는 사람들이 너무 많아 한참을 기다려야 했습니다. 영수증을 확인하던 어머니는 "응, 계산이 잘못됐네. 포도 값이 계산되지 않았어"
라고 말씀하셨습니다. 운이는 깜짝 놀라면서 "엄마, 그럼 가서
말하고 돈을 더 내고 와야지요" 하면서 어머니의 손을 잡고 계
산대로 갔습니다. 어머니는 운이가 너무 대견스러웠습니다.

<blockquote>
➡ 운이와 어머니께서 계산이 잘못 되었음을 말하지 않았다면 계산
원은 어떤 일을 겪게 될까요?
</blockquote>

선의의 거짓말

사람이 살면서 부득이하게 거짓말을 해야 할 때가 있습니
다. 사람들은 이를 '선의의 거짓말'이라고 하지요. 다음의 이
야기를 읽고 생각해보세요. 아버지는 수술을 해도 나을 수 없
는 병에 걸리셨습니다. 가족은 이 사실을 알고 있으나, 아버지
께는 선뜻 말할 수가 없었습니다. 그래서 가족과 의사 선생님
은 아버지께 "치료받기가 조금 고통스러울 뿐입니다. 걱정하지
마세요"라고 말하였습니다.

<blockquote>
➡ 여러분이 의사라면 어떻게 하겠습니까?
</blockquote>

 # 컨닝(시험 부정 행위)을 하지 맙시다

시험은 우리들에게 많은 스트레스를 줍니다. 그래서 때로 사람들은 노력을 기울이지도 않고 좋은 결과를 얻기 위해 컨닝을 하기도 합니다. 컨닝은 자기의 양심을 저버리는 행동일 뿐만 아니라 열심히 노력한 사람의 권리를 빼앗는 나쁜 행위입니다.

■ 이것만은 꼭 지킵시다

➡ 숙제는 자기의 힘으로 합시다.

➡ 시험은 자기 실력으로 치릅시다.

■ 읽어보기

유학생들의 컨닝

얼마 전 신문 기사 하나를 읽고 깜짝 놀랐습니다. 해외에 유학 간 우리나라 학생들이 단체로 시험지를 훔쳐 문제를 미리 알고 시험을 봤다는 것입니다. 우리나라 학생들의 성적이 평상시 생활에 비해 월등히 우수한 것을 이상하게 여긴 선생님들이 그런 사실을 밝혀내서 컨닝을 한 학생들 모두가 징계를 받게 되었다는 것입니다.

숙제를 대신해 드립니다

'숙제 대행', '방학과제를 대신해 드립니다'라는 광고를 컴퓨터에서 본 영희는 고민이 생겼습니다. 작년에 같은 반이었던 민희가 이러한 대행업체에 맡겨 방학과제물 상을 받았다고 자랑했던 기억이 났기 때문이었습니다. 그 때 영희는 '숙제는 자기 힘으로 해야지, 상만 받으면 뭐해'라고 생각했지만 마음 한 편에서는 자신도 누군가에게 맡겨서 상을 받고 싶다는 생각이 들기도 했었습니다. 그런데 지금 그러한 광고를 접하자 더욱 맡기고 싶은 생각이 들었습니다.

불법 복제를 하지 맙시다

얼마 전 음반회사와 어느 인터넷 음악 사이트 사이에 분쟁이 일어난 적이 있습니다. 이처럼 최근 들어 남의 음악이나 컴퓨터 소프트웨어, 글 등을 허락 없이 무단으로 복제하여 사용하는 것이 사회문제화되고 있습니다. 남의 글이나 음악 등을 불법으로 복제하는 것은 남의 지적 재산을 훔치는 것으로, 도둑질과 똑같은 것입니다.

■ 이것만은 꼭 지킵시다

➜ 음악, 게임 등의 소프트웨어를 복사하지 맙시다.

➜ 남의 글을 베껴 쓰지 맙시다.

■ 읽어보기

현이의 고민

'불법 복제가 판치는 나라', '정품이 안 팔린다', '구운 CD 판매 급등' 현이는 이러한 말을 신문에서 읽고 깜짝 놀랐습니다. 현이네 집에도 형이 구어 온 CD가 많이 있기 때문입니다. 현이는 어제도 친구 집에서 극장에서 상영 중인 영화 CD를 빌려다 보았습니다. 아무렇지도 않게 행했던 이러한 일들이 법을 어기는 것이라는 것을 알고 현이는 어찌할 바를 몰랐습니다.

➡ 불법 복제가 성행할 때, CD를 개발한 회사들은 어떻게 될까요?

페어플레이를 합시다

우리는 살아가면서 수없이 많은 승리와 패배를 경험합니다. 하지만 언제나 승리만 한다면 승리의 참된 기쁨을 느낄 수가 없겠지요. 패배의 아픔을 아는 사람만이 진정으로 승리의 기쁨을 누릴 수 있습니다. 사람들은 패배를 두려워하여 부정한 방법으로 남을 이기려고 하기도 합니다. 그러나 부정한 방법으로 얻은 승리는 사회를 병들게 할뿐만 아니라 승리자 자신의 마음도 병들게 합니다. 공정한 승리만이 기쁨을 줄 수 있습니다.

■ 이것만은 꼭 지킵시다

➡ 운동이나 게임의 규칙을 지킵시다.

➡ 부정한 방법으로 남을 이기려 하지 맙시다.

■ 읽어보기

김동성 선수와 금메달

2002년 동계 올림픽은 우리에게 잊을 수 없는 기억을 주었습니다. 쇼트트랙에서 우리나라의 김동성 선수가 다른 나라 선수에게 금메달을 강탈당했기 때문입니다. 그 선수는 김동성 선수가 반칙을 하지 않았음에도 일명 헐리우드 액션으로 금메달을 빼앗아 갔습니다. 우리 국민들은 그러한 비신사적인 행동이 세계적인 대회에서 통하는 것을 보며 몹시 흥분했었습니다.

> ➡ 그 때 금메달을 받은 선수는 그 금메달을 볼 때마다 어떤 생각이
> 떠오를까요?

현민이와 놀기 싫어

수연이는 체육시간에 친구들과 피구를 하였습니다. 편을 가르고 양쪽에 서서 공을 주고받다가 수연이가 던진 공에 현민이가 맞았습니다. 현민이는 밖으로 나가야 함에도 공에 맞지 않았다고 우기면서 계속 게임을 했습니다. 수연이와 친구들은 현민이에게 규칙을 지킬 것을 요구했지만 현민이는 들은 척도 하지 않았습니다.

> ➡ 현민이가 다음에 게임을 하자고 한다면 수연이와 친구들은 어떻
> 게 할까요?

# 허락 없이 남의 물건을 가져가지 맙시다

'견물생심'이라는 말이 있습니다. 어떤 물건을 보면 가지고 싶은 마음이 생긴다는 것이지요. 이러한 마음 때문에 남의 물건을 보면 가지고 싶은 욕구가 생기고, 심지어 빼앗거나 훔치기도 합니다. 주인의 허락 없이 남의 물건을 가져가거나 사용하는 행위는 도둑질과 마찬가지입니다. 따라서 남의 물건을 빌리거나 가져갈 때는 주인의 허락을 먼저 구해야 합니다.

■ 이것만은 꼭 지킵시다

➜ 남의 물건을 훔치거나 빼앗지 않습니다.

➜ 다른 사람의 물건을 사용할 때는 허락을 받습니다.

■ 읽어보기

수민이가 가져가버린 붓

미술시간에 주현이는 그림을 열심히 그리고 있었습니다. 그때 짝꿍인 수민이가 주현이의 붓과 물감으로 그림을 그리는 것이었습니다. 주현이는 수민이가 자신의 붓을 가져가는 바람에 가만히 앉아 있어야 했습니다. 주현이는 수민이에게 붓을 돌려 달라고 말했습니다. 그러나 수민이는 "잠깐만, 색칠 좀 하고" 라면서 계속 그림을 그리는 것이었습니다. 주현이는 자기의 물건을 허락 없이 함부로 사용하는 수민이가 얄미웠습니다. 그래서 물통과 물감을 다른 쪽으로 옮겨 놓았습니다. 수민이는 '치사하게……'라고 말하더니 붓을 던졌습니다.

➡ 주현이는 수민에게 왜 화가 났을까요?

➡ 수민이는 주현이의 물건을 사용하기 위해 어떤 행동을 했어야 할 까요?

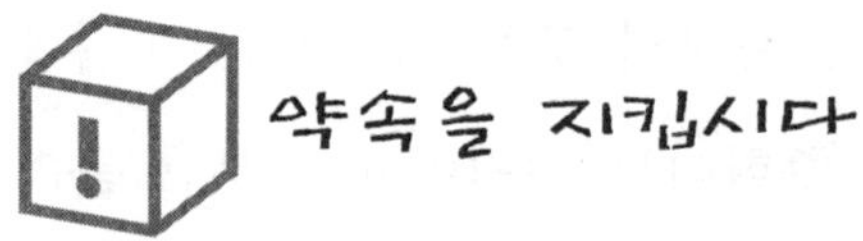

약속은 사람과 사람 사이의 믿음입니다. 따라서 약속을 잘 지키면 사람들끼리 서로 믿고 생활할 수 있습니다. 그러나 약속을 지키지 않는 사람이 많은 세상은 큰 혼란에 빠지게 됩니다. 약속은 하는 것보다 지키는 것이 훨씬 더 중요합니다.

■ 이것만은 꼭 지킵시다
　➡ 자신의 말과 행동에 책임을 집시다.
　➡ 다른 사람과의 약속을 지킵시다.

■ 읽어보기

철민이의 고민

철민이는 친구들과 함께 수영장에 가기로 약속했습니다. 철민이는 수영을 아주 잘하는 편입니다. 그래서 친구들에게 수영을 가르쳐 주기로 한 것입니다. 학교에서 돌아온 철민이가 수영장 갈 준비를 하고 있는데 어머니께서 부르셨습니다. "철민

아, 할머니께서 편찮으셔서 병원에 가야 되는데 네가 동생 좀
보고 있어야겠다"라고 말씀하시는 것이었습니다. 시계를 보니
친구들과 약속한 시간이 거의 다 되어가고 있었습니다. 철민이
는 어떻게 해야 할지 몰라 안절부절 못하였습니다.

➡ 철민이는 어떻게 해야 할까요?

 # 가족의 일원으로서 책임을 다합시다

가족은 가장 가까운 사람들입니다. 따라서 가족끼리는 서로 공경하고 사랑해야 합니다. 즉 부모님을 비롯한 웃어른은 아랫사람을 사랑하고, 자녀를 비롯한 아랫사람은 웃어른을 공경해야 합니다. 또한 가족 구성원 각자는 가족 일원으로서 자신의 책임을 다해야 합니다. 부모는 부모로서의 책임을 다하고 자녀는 자녀로서의 책임을 다해야만 행복한 가정을 이룰 수 있습니다.

■ 이것만은 꼭 지킵시다

➡ 형·언니 또는 동생으로서의 책임을 다합시다.

➡ 가족끼리 존경하고 사랑합시다.

➡ 집안일을 함께 합시다.

➡ 일가친척과 가까이 지냅시다.

■ **읽어보기**

현이의 고민

오늘은 온가족이 함께 고모님 병문안을 가기로 한 날입니다. 학교가 끝나고 집으로 가려는데 친구들이 학교 앞에 새로운 서점이 개장했다며 함께 가보자고 하였습니다. 친구들은 "오늘 서점에 들르는 사람한테는 멋진 선물을 준대. 같이 가서 받아가자"고 합니다. 현이는 친구들과 함께 교문 앞을 나서면서 계속 고민을 하였습니다.

> ➡ 현이는 어떻게 해야 할까요?

얄미운 언니

은수의 부모님은 함께 장사를 하시느라 늘 바쁘십니다. 그래서 은수와 언니는 당번을 정해 설거지도 하고 청소도 합니다. 언니가 청소당번인 날, 언니는 친구 생일파티가 있다면서 함께 쓰는 방을 잔뜩 어질러놓고 나가버렸습니다.

> ➡ 은수는 어떻게 해야 할까요?

학생으로서 책임을 다합시다

　학교에 가면 학생이 완수해야 할 책임이 있습니다. 학교에서는 교칙을 지켜야 하며 선생님의 말씀에 잘 따라야 합니다. 또한 공부도 열심히 해야 합니다. 학교생활이 즐거우려면 학급 친구들과 사이좋게 지내야 하며 자신의 역할에 최선을 다해야만 합니다.

■ 이것만은 꼭 지킵시다

➡ 학교의 규칙을 지킵시다.

➡ 공부를 열심히 합시다.

➡ 학급의 일에 적극적으로 참여합시다.

■ 읽어보기

주영이 모둠의 청소

　주영이네 반은 요일에 따라 당번을 정해 청소를 합니다. 당번은 같은 모둠의 친구들로 구성되어 있습니다. 주영이의 청소당번일은 금요일입니다. 오늘은 주영이네 모둠이 청소하는 날입니다. 주영이는 수업이 끝나면 서둘러 학원에 가야 합니다. 그래서 '청소를 부지런히 해야겠구나'라는 생각에 열심히 비질을 하였습니다. 그런데 8명의 친구가 남아 있어야 할 교실에는 주영이와 주영이 짝꿍인 소희 단둘만이 청소를 하고 있었습니다. 다른 친구들은 학원에 가야 된다는 핑계로 모두 도망갔기 때문입니다.

➡ 반 친구들이 모두 청소를 하지 않을 경우 교실은 어떻게 될까요?

➡ 친구들이 청소를 하지 않고 가버렸을 때 주영이와 소희의 기분은 어땠을까요?

시민으로서 책임을 다합시다

국가는 국민의 안전과 행복을 지켜 주어야 하며 국민은 시민의 책임을 다해야 합니다. 시민의 책임은 자신의 능력과 소질에 따라 맡겨진 일을 성실히 하는 것입니다. 여기에는 나라의 상징인 태극기, 무궁화, 애국가, 한글 등을 소중히 여기고 바르게 사용하는 것과 우리 조상이 물려준 이 땅을 아끼고 사랑하며 우리의 후손들에게 바르게 물려주는 것도 포함됩니다.

■ 이것만은 꼭 지킵시다

➡ 한국인으로서 자부심을 가집시다.

➡ 법을 지키는 습관을 가집시다.

➡ 지역사회 일에 관심을 가집시다.

■ 읽어보기

할아버지의 교통 봉사

수영이의 할아버지는 교통 봉사대에서 일하십니다. 교통 봉사대는 출근시간처럼 교통이 복잡할 때 수신호를 이용해 차들의 흐름을 원활하게 하는 일을 합니다. 수영이가 사는 동네는 도로가 좁아 매우 혼잡하였습니다. 그러나 수영이 할아버지께서 교통 봉사대를 만든 후에는 차 막히는 일이 없어졌고, 학생들은 학교를 안심하고 다닐 수 있게 되었습니다.

➔ 우리가 마을을 위해 할 수 있는 일에는 무엇이 있을까요?

태극기 다는 날

영미는 오늘 학교에 가지 않아 기분이 좋았습니다. 영미는 창 밖을 내다보다가 앞 동에 간간이 걸려 있는 태극기를 보았습니다. 영미는 "엄마, 저 집들은 왜 태극기를 달아놨어요?" 하고 물었습니다. 엄마는 "응, 글쎄. 아, 오늘이 현충일이잖아"라고 말씀하셨습니다. 영미는 얼른 태극기를 꺼내 달았습니다.

➔ 국경일이 되면 왜 국기를 달아야 하나요?

# 책임 있는 네티즌이 됩시다

현대인은 가상공간인 인터넷 세상에서 지내는 시간이 많아졌습니다. 그런데 얼굴이 보이지 않는다는 이유로 책임 없는 행동을 하거나 무례한 행동을 하는 사람들도 있다고 합니다. 사람과 사람 간에 지켜야 할 도리가 있듯이 인터넷에서도 서로가 지켜야 할 규칙과 예절이 있습니다.

■ 이것만은 꼭 지킵시다

➡ 언제나 실명을 사용합시다.

➡ 남을 비방하는 글이나 허위사실을 유포하지 맙시다.

➡ 스팸메일을 보내지 맙시다.

➡ 유해 사이트에 접속하지 맙시다.

➡ 해킹하지 맙시다.

탤런트 ○○○ 교통사고로 사망

얼마 전 인터넷에 '탤런트 ○○○ 교통사고로 사망'이라는 기사가 났습니다. 사람들은 그 기사를 읽고 깜짝 놀랐습니다. 그러나 그 기사는 어느 여학생의 장난으로 만들어진 허위기사였습니다. 당사자인 그 여자 탤런트와 가족은 기사에 너무 놀랐다고 합니다.

> ➡ 기사를 본 당사자와 그 가족의 기분이 어땠을까요?

해킹 당한 아이디

주현이는 학교에서 돌아와 즐기던 게임을 하려고 컴퓨터를 켜고 싸이트에 접속하였습니다. 그런데 자신의 아이디를 쓰고 비밀번호를 쳤으나 비밀번호가 틀렸다는 메시지만 나왔습니다. 다시 한번 확인하였으나 여전히 '비밀번호가 틀리다'라는 메시지만 전해졌습니다. 나중에 주현이는 자신의 아이디를 누군가 해킹하여 가져가 버렸다는 것을 알게 되었습니다.

> ➡ 아이디를 해킹 당한 주현이의 기분은 어떨까요?

생명존중과 인간존중

인간존중이란 이 세상 무엇보다도 사람을 귀하게 여기는 마음입니다. 인간을 존중하는 사람이라야 예절도 지킬 수 있습니다.

그리고 인간을 존중하는 사람은 다른 생명도 귀하게 여기며 자연을 사랑합니다. 동물과 식물은 사람의 친구이며, 물과 공기는 살아 있는 모든 것을 위한 생명의 젖줄이기 때문입니다.

1) 생명 존중

　① 동식물을 보호합시다.

　② 물과 공기를 깨끗하게 보존합시다.

2) 인간 존중

　③ 모든 친구들을 똑같이 존중합시다.

　④ 남녀를 동등하게 대우합시다.

　⑤ 모든 직업을 존중합시다.

　⑥ 장애인을 인격적으로 존중합시다.

　⑦ 외국인을 존중하고 배려합시다.

　⑧ 노약자와 장애인을 먼저 배려합시다.

　⑨ 위급한 처지의 사람을 도웁시다.

　⑩ 자원봉사에 참여합시다.

동식물을 보호합시다

지구는 사람뿐만이 아니라 수많은 동물과 식물들의 삶의 터전이기도 합니다. 사람들은 동물과 식물들과 더불어 살아가고 있습니다. 동식물을 보호하는 일은 바로 사람을 지키는 일입니다.

■ **이것만은 꼭 지킵시다**

→ 동물을 괴롭히지 맙시다.

→ 함부로 나무를 꺾거나 풀을 뽑지 맙시다.

→ 야생동물을 보호합시다.

■ **읽어보기**

어떤 북극곰의 호소

저는 동물원에서 사는 북극곰입니다. 사람들은 저를 보고 즐거워하는 것 같습니다. 하지만, 저는 사람들을 만나는 것이 하나도 즐겁지 않아요. 제가 쉬고 싶어서 가만히 있을 때면, 사람들은 저를 움직이게 하려고 소리를 지르거나 사육장의 쇠창

살을 두드려댑니다. 우리가 먹으면 안 되는 음식물을 마구 던지기도 하지요. 사람들이 주는 대로 음식을 받아먹은 친구들은 충치가 생기거나 소화불량에 걸리기도 해요. 심지어는 못 먹는 물건들을 주는 사람도 있어요. 제 옆집에 살던 진점박이물범이 죽었을 때는 뱃속에서 동전이 100개가 넘게 나왔답니다.

➡ 동물을 괴롭히는 행동들에는 어떤 것들이 있을까요?

먹이사슬이 파괴되면

경기도의 어느 마을에는 눈앞이 보이지 않을 정도로 모기가 늘어나서 모기로 인한 교통사고까지 일어났습니다. 환경이 파괴되면서 모기나 모기 애벌레를 잡아먹는 개구리, 맹꽁이 등이 사라졌기 때문이랍니다.

➡ 개구리나 맹꽁이가 사라진 것이 왜 인간에게도 재앙이 되는 것일까요?

물과 공기를 깨끗하게 보존합시다

우리는 매일 물과 공기를 마십니다. 지구의 70%가 물로 이루어져 있는 것처럼, 사람 몸의 70%도 물로 이루어져 있습니다. 이 중 10%만 잃어버려도 인간은 목숨을 잃게 됩니다. 공기도 마찬가지입니다. 이렇게 소중한 물과 공기가 나날이 더럽혀지고 있습니다. 물과 공기를 깨끗이 보존하기 위해서는 어떻게 해야 하는지 알아봅시다.

■ 이것만은 꼭 지킵시다

➡ 물을 아껴 쓰고 오염시키지 맙시다.

➡ 공기를 오염시키지 맙시다.

➡ 에너지를 아껴 씁시다.

■ 읽어보기

어머니의 설거지 방법

지난 토요일 성희는 어머니를 도와드리기로 했습니다. 기름

묻은 팬을 그대로 설거지통에 담으려고 하자 어머니께서 말리셨습니다. 어머니께서는 "기름이 많이 묻은 그릇의 설거지는 이렇게 하는 거란다" 하시며, 종이로 기름을 닦아내신 뒤 팬을 설거지통에 넣으셨습니다.

플라스틱은 태우면 안 돼!

민수는 방학을 맞아 시골 할아버지 댁에 놀러갔습니다. 할아버지가 못 쓰게 된 종이를 태우고 계신 것을 보고, 민수는 쓰레기를 잔뜩 가져왔습니다. 할아버지는 "민수야, 그건 플라스틱이 아니니? 플라스틱은 태우면 안 된단다. 플라스틱은 따로 모아서 재활용 쓰레기를 버리는 곳에 버려야지"라고 말씀하셨습니다.

모든 친구들을 똑같이 존중합시다

　사람은 얼굴도, 키도, 생각도, 처지도 다 다릅니다. 건강한 사람이 있으면 병약한 사람도 있고, 부유한 사람이 있으면 가난한 사람도 있고, 머리가 좋은 사람이 있으면 좋지 못한 사람도 있습니다. 또 부모님께서 이혼하셨다든지, 돌아가셨다든지 하는 이유로 어려운 처지에 처하는 사람들도 있습니다. 어려운 처지에 있는 친구들은 상대방이 무심코 하는 말이나 행동에도 상처를 입기 쉽습니다. 소중한 우리 친구들을 어떻게 대해야 하는지 생각해봅시다.

■ 이것만은 꼭 지킵시다

➡ 여럿이 무리지어 한 친구를 따돌리지 맙시다.

➡ 신체적 특징이나 가정형편 등을 이유로 친구를 무시하지 맙시다.

➡ 친구들 간에 서로의 권리를 존중합시다.

마이티

　'마이티'라는 영화가 있습니다. 이 영화의 두 주인공인 케빈과 맥스는 저마다의 상처를 안고 사는 아이들입니다. 케빈은 뼈가 정상적으로 성장하지 않는 선천적인 질병을 가지고 있어서, 몸집은 작고 허리는 구부정하며 제대로 걸을 수도 없습니다. 맥스는 몸집은 크고 건강하지만 어린 시절 아버지가 어머니를 살해하는 것을 목격한 끔찍한 기억 때문에 13살이 되어서도 읽지도 쓰지도 못합니다. 그래서 케빈과 맥스는 늘 짓궂은 장난의 표적이 되곤 합니다. 이 영화는 케빈과 맥스가 자신들의 장점(케빈의 총명한 머리와 맥스의 튼튼한 몸)을 합쳐 아무도 넘볼 수 없는 강한 존재('the mighty')가 되어가는 과정을 그리고 있습니다. 하지만 우리 주변의 케빈과 맥스는 어떻습니까?

> ➡ 주변에서 케빈과 맥스 같은 친구들이 있는지 찾아봅시다.

남녀를 동등하게 대우합시다

남성과 여성은 몸의 생김새는 다르지만 동등한 인격을 가진 사람입니다. 남성과 여성이 서로를 존중하며 조화롭게 살아갈 때, 모두가 행복한 세상이 이루어집니다. 남성과 여성이 서로에게 지켜야할 예의와 마음가짐을 살펴봅시다.

■ 이것만은 꼭 지킵시다

➜ 남성이나 여성을 무시하는 말을 쓰지 맙시다.

➜ 남성과 여성의 역할에 대한 편견을 갖지 맙시다.

➜ 남성과 여성이 서로 존중하는 태도를 가집시다.

■ 읽어보기

언니와 태권도

민지의 부모님은 며칠 전에 언니의 대학진학 문제로 크게 다투셨습니다. 민지의 언니는 태권도를 전공하고 싶다고 했습니다. 민지의 아버지께서는 '여자가 무슨 태권도냐' 하시면서 반대하셨지만, 민지의 어머니께서는 언니가 잘 하고 좋아하는 것을 하게 하자고 하셨습니다.

> ➡ 여러분이 민지라면 언니에게 무슨 말을 해 주고 싶습니까?

아버지가 차려주신 밥상

지난 일요일날, 영수는 호철이네 집에 놀러갔습니다. 그런데 호철이 어머니는 보이지 않고, 호철이 아버지가 앞치마를 두르고 식사준비를 하고 계셨습니다. 잠시 후, 호철이 아버지가 "영수도 같이 밥 먹자"고 부르셨습니다. 영수는 "호철이 어머니는 어디 가셨어요?" 하고 물었습니다. 호철이 아버지는 웃으시며, "볼 일이 있어서 외출하셨단다. 아버지가 밥상을 차려주는 것이 이상하니?" 하고 말씀하셨습니다. 호철이는 "우리 아버지는 집안일도 잘 하셔. 너희 아버지는 안 그러시니?" 하고 물었습니다.

> ➡ 영수는 호철이 어머니께서 어디 가셨냐고 왜 물었을까요?

모든 직업을 존중합시다

쓰레기를 치워주시는 분들, 가축을 잡고 처리해 주시는 분들, 학교나 건물을 지켜주시고 고장 난 곳을 고쳐주시는 분들……. 이 분들이 없다면 어떻게 될까요? 마을은 쓰레기로 뒤덮이고, 고기도 먹을 수 없고, 편안하게 공부하고 잠을 잘 수도 없겠지요. 하지만 종종 우리는 이런 직업의 고마움을 잊고 무례한 행동을 하기도 합니다. 이런 분들을 어떻게 대해야 할까요?

■ 이것만은 꼭 지킵시다

➡ 직업에 맞는 정확한 호칭을 사용합시다.

➡ 특정 직업을 무시하는 용어를 쓰지 맙시다.

➡ 특정 직업인을 불쾌하게 하는 행동을 하지 맙시다.

■ 읽어보기

코를 막지 않는 이유

친구 도희랑 함께 길을 가고 있을 때, 저만치서 정화조를 청소하는 분들이 일을 하고 있었습니다. 나는 역한 냄새에 코를 싸쥐고 인상을 쓰면서 종종걸음을 쳤습니다. 하지만 도희는 변함없는 자세로 그 옆을 지나쳤습니다. 나는 도희에게 "너 냄새 안나?"라고 물었습니다. 도희는 "우리 어머니가 그러시는데, 저런 분들 옆을 코를 막고 지나가면 실례래."

아저씨의 빈자리

철수네 유치원에는 청소랑, 수리 같은 일들을 맡고 계신 아저씨가 한 분 계십니다. 늘 먼지가 묻은 옷을 입고 계시기 때문에 철수는 그 아저씨가 나타나면 언제나 멀리 도망치곤 했습니다. 그런데 어느 날부터 유치원 마당은 지저분해지고, 고장 난 전등이나 문도 그대로 있곤 했습니다. 알고 보니 그 일을 해주시던 아저씨가 편찮으셔서 며칠 일을 못 하셨기 때문이라고 했습니다.

장애인을 인격적으로 존중합시다

우리나라에는 모두 102만 9천 명의 장애인이 있는데, 이중 90%에 달하는 91만 명이 질병이나 사고로 인해 후천적으로 장애인이 된 경우입니다. 그리고 나이가 들게 되면 몸과 마음이 불편해지기 쉽기 때문에, 사람은 누구나 장애인이 된다고 해도 지나친 말이 아닙니다. 하지만 우리들은 때때로 장애인을 우리와는 아주 다른 사람으로 취급하고, 무시하는 경우도 있습니다. 장애인에게 어떻게 대해야 하는지 생각해봅시다.

■ 이것만은 꼭 지킵시다

➡ 장애인을 무시하는 말을 사용하지 맙시다.

➡ 장애인을 불쾌하게 하는 행동을 하지 맙시다.

➡ 장애인을 차별하지 맙시다.

우리는 구경거리가 아니에요!

저는 귀가 들리지 않지만 수화를 배웠기 때문에, 사회생활에는 별로 지장이 없습니다. 그런데 제가 동료들과 수화로 이야기하고 있으면, '어머, ○○○다', '○○○인가 봐'라고 수군거리거나, 우리의 모습을 힐끔힐끔 쳐다보는 사람들이 있습니다.

> ➡ 자신이 청각장애인의 입장이라면 어떤 기분이 들까요?

'들어오지 마시오'

가족들과 함께 집 근처 식당에 식사를 하러 갔을 때입니다. 대기석에 앉아 빈 자리가 나기를 기다리고 있는데, 다리가 불편한 남자분이 들어섰습니다. 그러자 종업원이 앞을 막아서며, 우리 가게에서는 구걸이 안 되니 나가라고 말했습니다. 바로 그때, 일행 몇몇이 들어서다가 그 남자분을 보더니 '사장님, 벌써 오셨어요?'라고 말하는 것이었습니다.

> ➡ 남자 분을 못 들어오게 막은 종업원은 어떤 마음이 들었을까요?

외국인을 존중하고 배려합시다

　무지개가 아름다운 것은 여러 가지 색깔이 어울려 있기 때문입니다. 마찬가지로 우리가 사는 지구가 아름다운 것도 피부색이 다르고, 다른 말을 쓰는 여러 민족과 국가들이 한데 어울려 살아가고 있기 때문입니다. 피부색과 말은 달라도 이들 모두 지구마을의 한 가족입니다. 외국인을 차별하지 않고 평등하게 대하는 것이 진정한 세계인의 자세입니다.

■ 이것만은 꼭 지킵시다

➜ 피부색으로 사람을 차별하지 맙시다.

➜ 외국인을 무시하거나 비하하는 말을 쓰지 맙시다.

➜ 외국인에게 적대행위를 하지 맙시다.

■ 읽어보기

독일계 한국인 마이어 씨

　독일 출신 한스 마이어 씨는 한국에 정착한 지 20년이 넘었지만, 아직도 한국은 외국인이 살아가기에 힘든 곳이라는 생각을 합니다. 한국말을 못하리라고 생각하고 뒤에서 듣기 거북한 말을 해대거나, 한국사정을 모르리라 생각하고 거짓말을 하거나 바가지를 씌우려는 사람을 만날 때가 그렇습니다. 심한 경우에는 따라오며 놀려대거나 위협을 느낄만한 행동을 하는 경우도 있다고 합니다.

> ➡ 내가 외국에 가서 마이어 씨와 같은 대우를 받는다면 어떨까요?

존슨 씨의 불쾌한 외출

○○대학에 교환교수로 와 있는 베트남계 미국인 존슨 씨는 지난 주 아주 불쾌한 경험을 했습니다. 약속장소를 찾아가면서 지나가는 사람들에게 몇 번이나 길을 물었지만 모두 자신을 흘낏 보며 피해갈 뿐 성의 있게 대답해주는 사람이 하나도 없었기 때문입니다. 어렵사리 찾아간 약속장소에서 동료를 만나서 이야기를 나누면서 존슨 씨는 더 불쾌해졌습니다. 흰 피부를 가진 그 친구는 한국 사람들은 자기에게는 성의 있게 대답해준다고 말했기 때문입니다.

> ➡ 여러분은 피부색에 따라 외국인을 다르게 대한 적이 있나요?

노약자와 장애인을 먼저 배려합시다

사람이라면 누구나 주변의 도움이 필요할 때가 있지만, 노약자나 장애인은 몸이 불편하기 때문에 더 주변의 도움을 필요로 할 때가 더 많습니다. 자신의 몸이 불편해지기 전에는 몸이 불편한 사람들의 심정을 깨닫기가 힘듭니다. 하지만 우리의 아주 사소한 배려가 이들에게는 큰 도움이 됩니다.

■ 이것만은 꼭 지킵시다

➜ 노약자와 장애인을 도와줍시다.

➜ 노약자나 장애인 전용시설을 사용하지 맙시다.

➜ 노약자와 장애인에게 양보합시다.

■ 읽어보기

할머니도 우리 가족?

윤수는 요즘 집에 들어가기가 싫습니다. 어머니가 할머니를 모셔왔기 때문입니다. 할머니가 오신 뒤로, 윤수는 매일 입에 맞지 않는 반찬을 먹어야 하고, 보고 싶은 TV 프로그램도 볼 수가 없습니다. 윤수의 불평을 들은 어머니는 '윤수야, 할머니께서 너를 얼마나 귀여워하셨는데 그러니. 엄마가 동생을 낳았을 때나 아플 때면, 언제나 할머니께서 너를 돌봐 주셨단다'라고 말씀하셨습니다.

> ➡️ 어머니의 말씀을 듣고 윤수는 마음을 바꾸게 되었을까요?

다리를 다친 영수

영수는 축구를 하다 다리를 다쳐 한 달 동안 깁스를 하고 지내게 되었습니다. 마냥 누워 있을 수도 없는 일이라 목발을 짚고 거리를 다니게 되었습니다. 영수는 불편한 몸으로 살아가기가 얼마나 힘든지를 깨닫게 되었습니다. 횡단보도를 채 건너기도 전에 움직이는 자동차, 옆을 씽씽 지나치는 오토바이와 자전거, 뒤따라가는 영수를 본체만체 문을 꽝 닫아버리는 사람들……. 성한 다리로 가자면 10분이면 넉넉한 길도 지금 영수에게는 천리길, 만리길처럼 느껴집니다.

> ➡️ 영수가 평생 불편한 다리로 살아야 하는 처지라면 어떤 생각을 할까요?

위급한 처지의 사람을 도웁시다

자신이나 자신의 가족이 위급한 상황에 처했다면, 누군가 도움을 줄 사람을 애타게 기다리게 될 것입니다. 누구나 다른 사람의 도움이 꼭 필요한 위급한 처지에 놓일 수가 있습니다. 우리가 조금만 관심을 가지면 이웃의 안전을 지키고, 생명까지도 구할 수가 있습니다.

■ 이것만은 꼭 지킵시다

➡ 위급한 상황을 그대로 지나치지 맙시다.

➡ 위급한 환자를 보면 119에 신고합시다.

➡ 범죄행위를 보면 112에 신고합시다.

■ 읽어보기

전화 한 통이 구한 생명

어느 추운 겨울날 저녁이었습니다. 집으로 돌아오던 지수는 골목길에서 어떤 할아버지가 가슴을 움켜쥐고 쓰러져 계신 것을 보았습니다. 무서운 생각이 들어 그냥 옆을 지나치려다가 마음을 고쳐먹고 모퉁이 공중전화로 달려가 119에 전화를 걸었습니다. 다음날 이웃집에 다녀오신 할머니께서 어머니께 이렇게 말씀하시는 것을 들었습니다. "건너편 김씨네가 하마터면 큰일을 당할 뻔 했다는구나. 어제 저녁에 시골서 할아버지가 올라오셨는데, 추운 길을 서둘러오느라 심장발작을 일으키셨다는구나. 다행히 어떤 여자아이가 119에 신고를 해주어서 목숨을 건졌다고 하면서, 얼마나 고마워하던지."

은경이의 신고정신

어느 더운 여름 날, 은경이는 더위를 식히러 베란다에 나왔다가 놀이터를 내려다보게 되었습니다. 젊은 청년 몇몇이 아주머니 한 분을 둘러싸고 실강이를 벌이고 있었습니다. 아마도 핸드백을 빼앗으려는 것 같았습니다. 은경이는 재빨리 들어와 112에 전화를 걸었습니다. 은경이는 잠시 후 달려온 경찰에게 청년들이 붙잡히는 광경을 보았습니다.

> ➡ 지수와 은경이가 전화를 걸지 않았다면 무슨 일이 일어났을까요?

자원봉사에 참여합시다

　자원봉사는 남을 위한 것이 아니라, 바로 자기 자신을 위한 것입니다. 가진 것을 나누는 것은 받는 사람은 물론 주는 사람의 삶도 풍요롭게 하기 때문입니다. 자원봉사는 특별한 사람만이 할 수 있는 것이 아닙니다. 자기에게 있는 것을 나누려는 마음만 있다면 누구나 할 수 있는 것입니다.

■ 이것만은 꼭 지킵시다

➡ 봉사활동에 참여합시다.

➡ 헌혈활동에 참여합시다.

➡ 모금활동에 참여합시다.

■ 읽어보기

아버지의 헌혈증

　수영이네 학교에서는 백혈병에 걸린 친구를 돕기 위한 모금 운동이 한창입니다. 온 가족이 모인 자리에서 수영이가 이 말을 꺼내자, 아버지께서는 헌혈증을 여러 장 가지고 오시더니 그 친구에게 가져다주라고 말씀하셨습니다. 가족들은 모두 놀라서 언제 이렇게 헌혈을 많이 하셨냐고 물었습니다. 아버지께서는 "헌혈은 가장 쉬우면서도 소중한 봉사활동이란다"라고 말씀하셨습니다.

➡ 아버지는 왜 헌혈이 가장 쉬우면서도 소중한 봉사활동이라고 하셨을까요?

투덜이의 변신

예전에 수진이의 별명은 '투덜이'였습니다. 맛있는 반찬이 없다고, 맘에 드는 옷이 없다고 늘 불평을 입에 달고 살았습니다. 하지만 이제 수진이의 별명은 '방글이'입니다. 무엇이 수진이를 이렇게 변하게 했을까요? 바로 자원봉사 활동이랍니다. 얼마 전부터 수진이네 가족은 부모님이 안 계신 어린아기들을 입양이 될 때까지 보살피는 '천사원'이라는 곳에서 봉사활동을 하고 있거든요.

➡ 봉사활동은 어떻게 수진이를 변화시킬 수 있었나요?

'이것만은 꼭 지킵시다 : 50가지 약속'의 점검

■ 점검표 활용방법

우리 가족은 '50가지 약속'을 얼마나 잘 지키고 있을까?

다음의 점검표로 확인해 보십시오.

1) 채점방법

→ 문항을 잘 읽고 해당 □에 V표 합니다.

→ '항상 그렇다'에는 2점, '가끔 그렇다'에는 1점, '거의 그렇지 않다'에는 0점
  을 줍니다.

→ '1번부터 10번'까지 점수를 합하면 '친절지수'

  '11번부터 20번'까지 점수를 합하면 '질서지수'

  '21번부터 30번'까지 점수를 합하면 '청결지수'

  '31번부터 40번'까지 점수를 합하면 '정직과 책임지수'

  '41번부터 50번'까지 점수를 합하면 '생명존중과 인간존중 지수'가 됩니다.

  모든 점수를 더해서 총점을 내면, '문화시민지수'가 됩니다.

→ 문화시민지수를 모두 더해서 가족수로 나누면 '우리 가족 문화시민지수'가 됩니다.

2) 점수활용방법

① 우리 가족의 친절, 질서, 청결, 정직과 책임, 생명존중과 인간존중 지수를 비교해
  봅시다.

② 우리 가족 가운데 점수가 가장 높은 사람을 찾아봅시다.

③ 매달 점수를 내보고 '이달의 으뜸이'를 찾아봅시다.

④ 일년마다 점검해서 우리 가족이 얼마나 변화했는지 확인해봅시다.

⑤ 연초와 연말에 점검해서 점수가 가장 많이 높아진 가족을 찾아봅시다.

■ "이것만은 꼭 지킵시다 : 50가지 약속" 점검표

	항상 그렇다	가끔 그렇다	거의 그렇지 않다
1. 언제나 정다운 인사를 나눕니다	☐	☐	☐
2. 예의 바르게 전화합니다	☐	☐	☐
3. 남에게 방해가 되지 않게 전화를 합니다	☐	☐	☐
4. 전화로 경제적 낭비를 하지 않습니다	☐	☐	☐
5. 다른 사람을 불쾌하게 하는 말을 하지 않습니다	☐	☐	☐
6. 적절한 호칭을 씁니다	☐	☐	☐
7. 남의 말을 진지하게 경청합니다	☐	☐	☐
8. "고맙습니다", "미안합니다"를 생활화합니다	☐	☐	☐
9. 도움이 필요한 사람을 도와줍니다	☐	☐	☐
10. 처음 만나는 사람도 밝은 표정으로 대합니다	☐	☐	☐
11. 줄을 바르게 섭니다	☐	☐	☐
12. 경기와 공연의 관람질서를 지킵니다	☐	☐	☐
13. 위급한 상황에서도 질서를 지킵니다	☐	☐	☐
14. 공공시설을 질서 있게 사용합니다	☐	☐	☐
15. 길을 걸을 때는 통행규칙을 지킵니다	☐	☐	☐

16. 교통 신호를 지킵니다 ──────────── ☐ ☐ ☐

17. 다른 사람에게 방해가 되지 않게 길을 걷습니다 ─ ☐ ☐ ☐

18. 대중교통의 승하차 질서를 지킵니다 ───── ☐ ☐ ☐

19. 안전 수칙을 지킵니다 ───────────── ☐ ☐ ☐

20. 물건을 안전하게 사용합니다 ──────── ☐ ☐ ☐

21. 몸을 깨끗하게 합니다 ───────────── ☐ ☐ ☐

22. 옷차림을 단정하게 합니다 ────────── ☐ ☐ ☐

23. 생활하는 곳을 청소합니다 ────────── ☐ ☐ ☐

24. 쓰레기 분류 배출 규칙을 지킵니다 ───── ☐ ☐ ☐

25. 아무데나 침을 뱉거나 용변을 보지 않습니다 ── ☐ ☐ ☐

26. 애완동물 사육규칙을 지킵니다 ──────── ☐ ☐ ☐

27. 욕실을 깨끗하게 씁니다 ──────────── ☐ ☐ ☐

28. 공중목욕탕을 바르게 이용합니다 ─────── ☐ ☐ ☐

29. 공중화장실을 깨끗하게 씁니다 ──────── ☐ ☐ ☐

30. 공공장소를 깨끗하게 유지합니다 ─────── ☐ ☐ ☐

31. 정직하게 말하고 행동합니다 ───────── ☐ ☐ ☐

32. 컨닝(시험 부정 행위)을 하지 않습니다 ──── ☐ ☐ ☐

33. 불법 복제를 하지 않습니다 ────────── ☐ ☐ ☐

34. 페어플레이를 합니다 ──────────── □　□　□

35. 허락 없이 남의 물건을 가져가지 않습니다 ── □　□　□

36. 약속을 지킵니다 ──────────── □　□　□

37. 가족의 일원으로서 책임을 다합니다 ──── □　□　□

38. 학생으로서 책임을 다합니다 ──────── □　□　□

39. 시민으로서 책임을 다합니다 ──────── □　□　□

40. 책임 있는 네티즌입니다 ──────── □　□　□

41. 동식물을 보호합니다 ──────────── □　□　□

42. 물과 공기를 깨끗하게 보존합니다 ───── □　□　□

43. 모든 친구들을 똑같이 존중합니다 ───── □　□　□

44. 남녀를 동등하게 대우합니다 ──────── □　□　□

45. 모든 직업을 존중합니다 ──────── □　□　□

46. 장애인을 인격적으로 존중합니다 ───── □　□　□

47. 외국인을 존중하고 배려합니다 ────── □　□　□

48. 노약자와 장애인을 먼저 배려합니다 ──── □　□　□

49. 위급한 처지의 사람을 돕습니다 ────── □　□　□

50. 자원봉사에 참여합니다 ──────── □　□　□

→ **75점 이상이면 :**

문화시민답게 살아가는 가족입니다.

모든 문항에서 '항상 그렇다'가 될 수 있도록 노력한다면 더욱

좋겠지요.

→**50점 이상 75점 미만이면 :**

문화시민다운 생활습관이 완전히 몸에 배지는 않았습니다.

서로 격려하며 실천하면 문화가족이 될 수 있을 것입니다.

→**25점 이상 50점 미만이면 :**

문화시민다운 생활습관이 아직은 많이 부족합니다.

우리 가족의 문제점이 무엇인지 점검하여 실천계획을 세워봅시다.

→**25점 미만이면 :**

문화시민다운 생활습관이 거의 형성되어 있지 않습니다.

'문화시민 되기'를 가장 중요한 목표로 삼고 온가족이 노력해야

합니다.